LILLO y PEP

CONVICCIONES SOBRE LA CULTURA DEL JUEGO

JORGE ANDRÉS BERMÚDEZ H.

Bermúdez Hernández, Jorge Andrés

Lillo y Pep: convicciones sobre la cultura del juego/ Jorge Andrés Bermúdez Hernández. - 1a ed. - LIBROFUTBOL.com, 2018.

206 páginas; 12 x 19 cm.

ISBN 978-987-3979-52-1

1. Fúbol. I. Título.
CDD 796.334

LILLO Y PEP - CONVICCIONES SOBRE LA CULTURA DEL JUEGO
JORGE ANDRÉS BERMÚDEZ HERNÁNDEZ

Diseño de cubierta: Luciano Medvetkin
Diagramación interior: Luciano Medvetkin

LIBROFUTBOL.com
Olga Cossettini 1112 - oficina 8F - Ciudad de Buenos Aires - Argentina
ediciones@librofutbol.com - whatsapp +54 9 11 2215 1982

1ª edición: noviembre 2018

ISBN 978-987-3979-52-1

Contenido

Paso 1

Ingresar a Google Play o Apple Store y descargar la App lectora de QR.

Instalar y abrir la App en tu dispositivo móvil.

Escanear el código QR para poder acceder al contenido exclusivo.

Introducción

Juan Manuel Lillo nació el 3 de noviembre de 1965, en Tolosa, España, y es un reconocido entrenador de fútbol. Con tan solo 17 años comenzó su carrera y después de ciclos exitosos, recayó en UD Salamanca en 1992. En dicho club cimentó las bases de una trayectoria que trasciende los triunfos y las copas dentro del campo de juego.

Tras finalizar segundo la primera temporada en la Segunda División B y perder en los playoffs, Lillo y su equipo finalmente lograron el ascenso en 1994. Pero la cosecha y las ansias del entrenador no culminaron allí: en 1995, después de una campaña que asombró a ajenos, Salamanca volvió a subir de categoría y regresó a la Primera División, lo que sería el primer ciclo de Juanma en la elite del fútbol español.

Eso le dio mucho prestigio al director técnico, que luego dirigió en la máxima categoría española a Real Oviedo, Tenerife y Real Zaragoza. En los tres clubes consiguió el estilo deseado, como en toda su carrera.

También tuvo un paso por el fútbol sudamericano, fue en Atlético Nacional de Colombia, donde logró un rendimiento y una idea innegociable. El DT dejó una marca imborrable en el equipo.

"Juanma fue el entrenador que más me marcó, sin duda alguna. Por mucha diferencia. Todo lo que pensaba que se necesitaba de un entrenador lo encontré en él: la manera de gestionar el grupo, el conocimiento profundo y preciso del juego, la manera cómo lo transmite. Además, es un gran ser humano. Fue un regalo de la vida haber estado con él y haber compartido un tiempo con Lillo", explicó Diego Arias tras el paso de Lillo por Colombia.

Si bien en el campo cosechó y cosecha miles de enseñanzas, uno de sus legados más importantes fue haber sido el referente y maestro de Pep Guardiola, multicampeón con Barcelona, Bayern Munich y Manchester City. El catalán tenía un último deseo antes de retirarse: ser dirigido por Lillo. Ambos se encontraron en Dorados de Sinaloa, de la liga mexicana.

Juanma lo marcó con su estilo de juego, por eso el segundo capítulo del libro está dedicado a la conexión entre ambos, y así también con su forma de conducir a los grupos. Finalmente, el alumno algo parece haber aprendido, ya que Guardiola está posicionado entre los mejores entrenadores de la historia del fútbol.

"Lillo es mi maestro. Ha sido muy importante en mi formación. Mi gratitud hacia él es infinita, me enseñó a entender el juego. Es el mejor entrenador que he tenido", explicó Guardiola.

CAPITULO 1.

PALABRA DE LILLO

En cada palabra, en cada frase, en cada exposición, Juan Manuel Lillo pone a reflexionar profundamente a su (s) interlocutor (es) y entrega su punto de vista sobre la actividad llamada fútbol y la vida.

En este primer capítulo compartimos una serie de conceptos y reflexiones sobre el juego, el entrenamiento, los futbolistas, los entrenadores, la vida…, elaborados y entregados por el propio Juan Manuel Lillo. Escuchar a Juanma (como cariñosamente le llaman sus amigos) es distinto, es especial. Adelante.

"Si ves el partido más cerca de la portería del adversario y en mejores condiciones, pasarán menos cosas en la tuya. Se trata de acercar al rival a esos espacios donde no quiere convivir y donde se encuentra más incómodo".

"Todo lo que construyas estructuralmente es para que eches mano de ello coyunturalmente".

"Confiar en el de al lado es lo que mejor te puede pasar para cualquier actividad que realices y más aún en una que desempeñan once".

"Me han estigmatizado porque siempre he sido una persona que no he escondido mi forma de entender las cosas, que se ha salido un poco de la aprobación común".

"Javier Marías, escritor, decía: 'Hoy los jóvenes quieren ser escritores, lo que no quieren es escribir'. Hoy la gente quiere ser jugador de fútbol. Lo que no sé es si les gusta el juego. Las co-

sas que se les conceden a los futbolistas son por las que luchan todos socialmente: fama, popularidad, dinero, éxito".

"Conceder demasiado tiempo al jugador rival que dispone del balón es un pecado".

"No terminamos de salir y ya estamos volviendo, qué problema".

"Cuando estoy en los medios procuro ir a los partidos con la intención de contarle a la gente lo que pasa, no lo que debería pasar. Si sabes, habla de lo que ves".

"No es lo mismo pitar algo que no ha pasado que dejar de pitar algo que ha acontecido. No es el mismo error. Lo grave es que un árbitro se siente al frente del televisor al día siguiente y diga: 'Joder, lo que me he inventado, no lo que se me ha pasado'. Es un ser humano y se le pueden pasar cosas, nadie es infalible, si tú lo eres pues ve y pita".

"Los vestuarios deben vivir como quieren jugar".

"Uno se plantea las pretemporadas sobre todo con una disposición de que no haya lesionados. Ese es el valor fundamental para que todo lo que se vaya haciendo la gente lo pueda ir adquiriendo y le pueda ayudar a expresarse colectivamente a través de lo que va recibiendo. Si se presentan lesionados (los jugadores), se descuelga del trabajo. No puedes pretender que todo lo que vas a necesitar durante nueve meses lo vas a adquirir en 20 días; esos son preconceptos ya muy antiguos y que tienen poco sustrato para ser mantenidos".

"Me cuesta mucho convivir con el hecho de que el rival tenga el balón".

"Lo mejor que hay para no correr para atrás es saber administrar el balón hacia adelante. No hay mejor defensor que aquel que coloca a un compañero en situaciones ventajosas porque así no tienes que correr para atrás".

"Con los tres de adentro (Mahecha, Vargas y Motta) es difícil que Equidad no consiga tener continuidad en el juego, secuencia de pases suficientes para que los de afuera (Cano y Correa) cojan altura y se hagan participes en el juego".

"A la gente se le conoce cuando no juega. A los que juegan no les conoces. Fabián Vargas en Almería estuvo sin jugar regularmente bajo mi orientación y se comportó 10 puntos; ahí supe quién era realmente Fabián Vargas. Uno pasa por muchos sitios y no sabe nada de muchos jugadores, pero al que no juega, a ese sí terminas por conocerlo".

"La pretensión es vivir más tiempo en campo contrario que en el propio. Así nos gustaría que fuera tanto de local como de visita. Nunca he sentido en mi vida que te vayan a dar menos puntos de visita que de local y viceversa".

"Aumentas el índice de probabilidad para ganar cuando estás lo más cerca posible de la portería contraria y en las mejores condiciones posibles".

"La idea es sumar jugadores que sepan jugar y que puedan intervenir en más de un espacio o lugar".

"Cuando tú no vas muy junto hacia delante no pretendas reconquistar la pelota porque estás separado; entonces, si encima que la pierdes lejos, quieres quitarla, estás abriendo el campo".

"Somos un equipo que quiere separar a los contrarios y por eso jugamos muy separados entre nosotros para generar cosas, razón por la cual las pérdidas las sufrimos más que el resto".

"Al fútbol no se juega a tenerla. Se juega a usarla para generar la mayor cantidad de ocasiones de gol posible".

"Como estilo, la presión no existe. Nosotros presionamos para jugar, no jugamos a presionar. Hay equipos que juegan a presionar. Y lo que facilita que podamos presionar es lo que hayamos hecho previamente con el balón: como tenemos una administración continua, larga, donde usamos casi a todos los jugadores y elementos, esto nos permite que los momentos de presión sean menores y menos exigentes porque estamos más cerca".

"El concepto de presión tiene que ver con el orden y el momento más que con la voluntad y el kilometraje. Si vas con kilometraje y voluntad, vas a destiempo y aislado. Lo que hayamos hecho previamente con la pelota es lo que facilita o dificulta la presión".

"El acierto muchas veces aparece y desaparece sin saber por qué".

"Salimos con la obligación de aumentar la probabilidad de gol. ¿Cómo se aumenta la probabilidad de gol? Intentando estar la mayor cantidad de tiempo y en las mejores condiciones lo más cerca posible de la portería contraria".

"El fútbol es el único juego que permite reglamentariamente que sin cruzar ni una sola vez a la mitad del campo contrario puedas ganar 1-0. Es el único, no busquen más que no hay".

"Ojalá estemos así todo el año, viviendo en campo contrario, y que nuestro portero ni se manche".

"Cuando produces tanto y no aciertas, te frustras. Y cuando te frustras puedes dejar de buscar y no intentarlo más, y esto último sí es peligroso".

"Hay muchos jugadores en Colombia a los que el pie le hace caso a la cabeza".

"Hay jugadores de pelota. Y hay jugadores de fútbol. Son cosas distintas".

Sobre el juego directo: "La pelota cuanto antes va, antes vuelve. Pero cuando va, va sola; cuando vuelve, vuelve con los del otro color. Y eso es una faena".

"Hay gente que recibe bien de espaldas pero no juega bien de espaldas. Y hay gente que juega bien de espaldas pero no la recibe bien de espaldas. El que juega bien de espaldas es aquel que da continuación al juego después de recibir de espaldas".

"En un equipo son necesarios todos; imprescindible, nadie".

"Yo tengo el afán, primero, de que los equipos jueguen a lo que ellos (los jugadores) son: la forma de jugar debe parecerse a lo que ellos son, no a mí, porque si no estaría equivocado al imponer algo en contra de las capacidades de los jugadores. Y segundo, no tengo el afán de jugar bonito, nunca he aspirado a que mis equipos pinten un cuadro con un pie. Lo que yo quiero es que jueguen bien, porque jugar bien es el camino más corto para aumentar la probabilidad de ganar".

"Cuando un equipo no es contundente, el juego se resiente".

"El rival al sentirse más cerca de su portería toma peores decisiones".

"Es responsabilidad única y exclusiva de los jugadores todo lo bueno que hacen, y de lo malo, también. Si va bien es gracias a ellos y si va mal, también. Yo no juego. Llevo 32 años y no he hecho ni un saque de banda, que triste lo mío".

"El fútbol ha dejado de tener aficionados para tener clientes".

"Pretender tener al rival 90 minutos debajo de su portería es un absurdo".

"Pretender tener el partido siempre bajo control es algo inmaduro, pueril y absurdo".

"Lo único que puedo hacer como entrenador es facilitar, con el contexto, que se pase más tiempo en un área (la rival) que en la otra (la propia) y aumentar la probabilidad de gol".

"La pretensión es llevarla (la pelota) entre todos".

"Nosotros no jugamos con laterales, centrales... Nosotros jugamos al fútbol. Es verdad que unos están más a la izquierda, otros más a la derecha, unos por adentro, otros más arriba, otros más atrás... Queremos jugadores que jueguen el juego. No queremos jugadores que jueguen de, sino jugadores que jueguen a; jugadores que jueguen al fútbol, al juego, no jugadores que jueguen de lateral, central... Eso sí, sabemos que unos juegan más cerca de la portería propia que de la adversaria, otros juegan más por adentro que por afuera. Eso lo sabemos".

"Recuperar el balón es quitársela al rival y dársela a un compañero con ventaja. Hasta que no se produzca eso, no se ha recuperado el balón".

"Soy muy defensivo. Entonces, como soy muy defensivo, me gusta estar lejos de mi portería y me gustaría tener la pelota todo el partido. Dicen que soy muy ofensivo y es al revés: si la tengo yo, no la tienen ellos, y si la andamos moviendo cerquita a la portería rival alguna tenemos que aprovechar y cuando no la aprovechamos la recuperamos rápido, así aumentamos la probabilidad".

"Los hombres de afuera son los que posibilitan que pasen cosas adentro, y los hombres de adentro son los que posibilitan que pasen cosas afuera. Por eso un equipo es un todo y no se puede disociar".

"Un jugador sin intervenir, sin tocar el balón, puede estar facilitando contextos en otro lado del campo que permiten a los demás tenerla. Y no la ha tocado, sin embargo, puede estar ayudando simplemente por saber fijar un espacio y con esto fijar la atención de los opositores en dirección a ese lugar para que haya menos densidad de rivales en el lado opuesto por el temor al cambio de frente".

"Podemos disponer del balón, no poseerlo. Solo lo poseemos cuando vamos a sacar de banda o el arquero lo tiene en sus manos".

"Disponer del balón no es ningún valor en sí mismo. Este juego no es para disponer más tiempo de la pelota, es para meterla en la portería rival. Lo que pasa es que disponer del balón más tiempo, lógicamente, aumenta el índice de probabilidad para poderla meter. Disponer del balón no es un fin, es un medio. Nada más".

"Quiero que los pases tengan una intencionalidad y sean hirientes. No es pasar por pasar".

"Un campo seco no ayuda a que la circulación del balón sea lo suficientemente rápida como uno pretende. Así cuesta que el balón llegue a los sitios, entonces hay que golpearla más fuerte de lo normal para que llegue".

"Entrenar no es tener una supra idea del entrenador y que los demás se tengan que acomodar a ella. Entrenar es que el entrenador adapte lo que cree mejor para ganar en función de las capacidades que los jugadores tienen".

"No creo en la motivación como algo exógeno. Creo que la motivación es algo endógeno, que va de adentro hacia fuera, no de afuera hacia dentro".

"Este es un juego en el que los desempeños no tienen que ver ni con el espacio que ocupas inicialmente ni con el supuesto lenguaje que te determina que eres defensa, atacante, volante de marca, volante creativo. Que no apelen (los jugadores)

a ningún lenguaje para determinar qué tienen que hacer una cosa especialmente y las otras no. Este es un juego donde continuamente debes estar desempeñando un montón de actividades y en distintos lugares".

"La pelota, aparte de usarla mucho, hay que usarla bien".

"Robar no es interrumpir el juego. Recuperar la pelota es quitársela a un rival y dársela al compañero que esté en mejores condiciones, lo más lejos posible para que el rival no vuelva a tener una intervención que nos haga perderla de nuevo".

"El proceso de recuperación se asocia muchas veces con el proceso de interrupción, por eso se valora muchas veces a futbolistas que traban, meten y ahí acaba. Resulta que ahí es falta, con lo cual sigue teniendo la pelota el rival, o la echa afuera y es saque de banda y el rival continúa con el balón".

"Si tú no la sacas (la pelota) limpia, es difícil que acabe limpia. Como la hemos sacado sucia (la pelota), ha terminado sucia".

"En la iniciación haces valer, por ejemplo, el 3 contra 2 cuando los estiras bien, los haces ir de un lado a otro, hasta encontrar el pase por adentro si dejan (los rivales) libre al de adentro; y si se cierran (los rivales) encontrar el pase con el de afuera".

"En fútbol, el error de ejecución no debe estar nunca penado. El error de intención sí".

"Lo que cose a los equipos es el balón. El balón los cose, los junta y los ordena. Y lo que desordena a los equipos es no saber administrar el balón".

"El fusible del fútbol es el pase".

"Si tú no la pierdes, o la pierdes en condiciones donde otra vez puedas intervenir, la velocidad que tiene el adversario se queda inerte".

"Pretendemos que la gente de adentro sea un poquito más ligera".

"Para mí, el ataque y la defensa como tal no existen. Existe el juego. El equipo pretende vivir lo más cerca de la portería contraria y en las mejores condiciones posibles para que así el rival viva lo más lejos de la tuya y en las peores condiciones posibles".

"Nosotros geográficamente ocupamos el espacio como lo hace todo el mundo. El afán ese de 3, 4, 2..., no. Depende de dónde esté el balón habrá 4, 5, 3, 2... El saber reorganizarte espacial y temporalmente en función de los aconteceres del juego es realmente jugar a fútbol, que tu reorganización colectiva tenga que ver con las modificaciones. ¿Y cuál es la cosa que más modifica? Una cosa redonda que no para de ir de un lado pa' otro. Esa es la que más condiciona tu reorganización. Lo otro que se mueve mucho es el rival, que también te obliga a reorganizarte. Y te mueves tú. El andar jugando con esa reorganización constante, con sentido, obviamente (no es moverse por moverse), es lo que hace que parezca 3, 2, 4. Y luego pretendemos generar superioridades con nuestra forma de jugar. Por eso a veces lo de 2, lo de 3..., depende de dónde queramos generar superioridades en función de conductas presumibles del rival".

"En la pizarra gana todo el mundo. La verdad está en el verde (campo de juego)".

"Nosotros, los que estamos dentro del fútbol, debemos saber que pertenecemos a la industria del entretenimiento".

"Dramatizar el fútbol ayuda a vender. Desdramatizarlo es maravilloso porque pertenecemos a la industria del entretenimiento como el circo, un payaso, que también está para entretener a la gente. Algunos se consuelan llamándome a mí de todo y está bien... Servimos para ser consoladores sociales, otros no sirven ni pa' eso".

"Si conseguimos nuestra pretensión y llevamos el partido a lo que queremos, cualquier virtud del rival queda más simplificada".

"Para que lo de afuera tenga importancia es porque adentro te has hecho valer. Después pasa todo lo contrario: si te haces valer por afuera y el contrario se tiene que separar para ayudarse, empieza a quedar espacio por adentro para sacar provecho".

"A veces dispones del balón, otras veces dispone el rival. Cuando dispone el rival vamos a ver qué quieres, si recuperarla o esperar a que la pierda. Si lo que quieres es recuperar, vas a producir una serie de cosas, si lo que quieres es esperar a que la pierda, produces otras. Pero los que tienen que saber esto no son los que están en el banquillo (los técnicos), los que lo tienen saber son los que están el domingo dentro del campo (los jugadores). Esto es de ellos".

"Si no te impones adentro es muy difícil que pasen cosas afuera. Y no solo en el fútbol, en cualquier deporte colectivo".

"Yo soy el entrenador más defensivo del mundo: me gustaría tener la pelota los 90 minutos, así se acabarían los problemas en mi portería. No sé si voy a meter gol, pero en mi portería se acabarían los problemas".

"Todas las habilidades supuestas de jugadores (en este caso rivales) que se desplazan al espacio tienen que ver con lo que tú has sido capaz de hacer con balón. Si nos pillan reagrupados y juntos, no va a tener, lógicamente, tanto espacio ni él ni nadie para picar".

"No conozco un equipo que estando bien ordenado con pelota, esté desordenado cuando la pierde. Si tú estás ordenado con pelota en el momento de la pérdida, estás siempre bien colocado".

"Si no aciertas (conviertes) te vas debilitando en tu propio juego. Meterla le da seguridad al equipo. Cualquier equipo se vuelve débil cuando no acierta".

"Los partidos se ganan y se pierden en las áreas".

"Meter gol modifica emociones. El gol modifica emociones".

"Cuando un rival conduce es mejor que te hagas fuerte hacia atrás y no salgas a buscar porque te desborda. Y si te desborda, no hay más remedio que cometer falta. Y si encima la conducción del rival te pilla con más de un jugador a la misma altura, vas a sufrir demasiado".

"Quien mucho habla, mucho erra".

"Si ajustas hacia atrás con los de afuera antes de tiempo (se ponen a la misma altura de los más retrasados), vas a liberar un espacio para las conducciones del rival por afuera desde el centro del campo".

"El termómetro de un entrenador son sus jugadores".

"Lleva el balón a las posiciones más que las posiciones al balón".

"Hay equipos que juegan a lo que salga, no a que salga lo que juega, que es lo que pretendemos nosotros".

"El desarrollo y el resultado muchas veces no van de la mano".

"La infelicidad viene porque trazamos las cosas no en lo que son, sino en lo que queremos que sean. Por eso nos la pasamos infelices".

"El jugador y el equipo deben intentar mejorar su cultura de juego para tomar las mejores decisiones en función de lo que está aconteciendo".

"Muchas veces la marca hombre a hombre no se rompe solo moviéndote. Es más, hay un concepto que es muy equivocado, que es el que cree que correr es desmarcarse. Tú estás corriendo y no te estás desmarcando, es más, estás activando las intencionalidades del contrario".

"Si tienes un rival encima y te persigue, llévatelo a los lugares contrarios donde está el balón y lejos de donde está el balón. Puede ser que inicialmente no intervengas, pero limpias espacios y después, quizá, te encuentren en mejores condiciones".

"Bien decía el Flaco Menotti que el fútbol es una excusa pa' ser felices".

"El fútbol es como una manta corta, te tapas los pies, te destapa la cabeza; te tapas la cabeza y te destapa los pies".

"En este juego si no hay pase atrás, no vas para adelante junto".

"Cuando uno juega al ritmo del público termina haciéndose daño a sí mismo. La aceleración del público te lleva a querer acabar todo más rápido".

Sobre el sitio o el espacio intermedio a ocupar por los *banderos* (jugadores de banda, que juegan por afuera): "Le decía al *bandero* que quería que se quedara a una altura intermedia para ver si hacía saltar al lateral rival y ellos se atrevían, tenían ese arrojo, a quedar mano a mano atrás (centrales con puntas, 2 para 2). Ya que los laterales saltaban por nuestros banderos, entonces a ver si tenían el arrojo de quedar 2 para 2 por adentro".

"El que busca ganar olvidándose de jugar, lo más lógico es que pierda".

"La mejor defensa que uno puede tener para los contraataques es el juego. Si tú juegas, no hay contra. Es más, tienen que bajar para evitar tu superioridad y así les haces partir de un punto más alejado. Y si a partir de ahí marcas muy bien a los alejados rivales, no hay opciones de contra muy fácil".

"Que el pase no sea por pasar. Que sea con afán de conquistar espacios".

"El reglamento dice que ganará aquel que más goles marque. Entonces nosotros tenemos una primera intención, que es meter más goles que el rival".

"Mi obligación es intentar el camino más corto para ganar. Y el camino más corto para ganar es jugar".

"Se puede ganar pese a jugar mal, pero no se puede ganar por jugar mal. Y se puede perder pese a haber jugado bien, pero no se pierde por haber jugado bien".

"El juego implica intentar tener más gente en el lugar donde está la pelota tanto para tener superioridad como para que el rival esté en inferioridad con respecto a ti y sacar provecho de la misma".

"La figura, el sistema, no es el estilo. El estilo es otra cosa. Te tienes que mover y reorganizar espacio-temporalmente en función de la pelota".

"Esto, el fútbol, es más complejo de lo que parece y al mismo tiempo más sencillo de lo que parece".

"Si rezas tú y reza el del otro lado también... Vaya dicotomía la que le ponemos al 'pobre' hombre. Tiene que andar eligiendo entre quién de los dos".

"Con balón, no confundir paciencia con lentitud".

"Mientras las porterías sigan estando en el centro, tocará ir por los extremos. No hay otra".

"Hay arqueros que son líbero de los centrales; otros son líbero de los laterales, salen más lejos, por ejemplo, René Higuita en su época".

"Solemos tender los seres humanos a explicar lo inexplicable".

"Los latigazos que más duelen son de aquel que algún día fue esclavo".

"El fútbol es un deporte muy difícil porque se juega con los pies. Con la parte con la que se corre (los pies) hay que ser precisos y es la que más lejos está del cerebro".

"Ante los equipos que van muy rápido, o enseguida, hacia el lado del balón, la circulación y el movimiento del cuero no puede ser lento. Hacerlos girar (a los rivales) continuamente moviendo el cuero en todas las direcciones (izquierda-derecha, derecha-izquierda) a través del pase es determinante".

"Somos un todo. No se puede disociar lo físico de lo mental. Cuando tú emocionalmente estás bien, no sientes cansancio. Hay quien puede parecer estar cansado sin estarlo solo porque de la mente no está bien".

"Si eres impreciso con la gente tan abierta es lógico que el rival te tire contragolpes".

"Por tener las fichas más adelantadas no se gana la partida".

"Tenemos metido en la cabeza que los mediocentros no vienen a sacarle la pelota a los centrales porque nos quedamos sin jugadores en alturas distintas, que es nuestra pretensión".

"No encontrar (pasar) al hombre libre, es decir, ir por otro lado, meter la pelota en lugares comprometidos o pasar el balón a gente acosada, es un pecado y un error decisional".

"Sí es verdad que nuestro juego se basa en atraer rivales".

"Jugar a pasarse el balón es distinto a pasarse el balón para jugar, que es la pretensión".

"Valoro mucho que la gente (los jugadores) se tome tiempo con el balón, eso sí, sin que el tiempo te coma a ti y termines permitiendo que el rival se reubique".

"Separarse produce distancia entre los contrarios. Y cuanta más distancia se genera entre los contrarios, más tiempo tienes para elegir. Y cualquier futbolista con tiempo para elegir termina eligiendo mejor".

"Trato de hacer con los jugadores lo que me gustaría que hicieran conmigo: no partir de un prejuicio, sino partir de lo que es (la persona, el futbolista) dentro de un contexto".

"Yo soy muy pragmático, no romántico, por eso quiero estar todo el día delante de la portería del equipo contrario. Es muy iluso aquel que pretende tirar una vez y ganar. Yo quiero tirar muchas veces y en las mejores condiciones".

"Todos hablamos después de... Y después de visto todo el mundo es listo".

Sobre la conciencia de juego: "Hay jugadores que tienen más conciencia de que supuestas acciones que hagan, para bien o para mal, generan otro tipo de situaciones que pueden producir ventaja o desventaja colectiva".

Sobre los equipos grandes y sus rivales: "Para los rivales es su día y para nosotros es un día. Por eso debemos estar siempre en ese día, como si fuera nuestro día".

"Mientras unos piensan que hay lentitud en el juego, yo pienso que hay reflexión".

"Meter al rival atrás no es gratis. Muchas veces es porque gracias a que juntas adentro, obligas al rival a tener que venir a hacer ayudas. Entonces ya empiezas a tener alturas por afuera y si tienes alturas por afuera, el rival tiene que bajar, y si tiene que bajar, su punto de partida es más lejos".

"El fútbol es de los futbolistas. Yo no hago nada. No me habéis visto ni un segundo dentro de la cancha. Llevo 32 años entrenando y no tiré ni un saque de banda. No me siento partícipe. Al final, el elemento de juego tiene que ver con sus capacidades (la de los futbolistas), sus complementariedades (la de los futbolistas), sus sinergias (la de los futbolistas)".

Sobre la formula R+P+Ri (reacción+presión+recuperación inmedita): "Distinguir un poco cuando vamos juntos tras pérdida o cuando, si ya no podemos, nos recogemos un poco... Ahí está el dilema".

"En mi equipo se defiende con los de adelante y se ataca con los de atrás".

"El juego consiste en que el rival saque la mayor cantidad de veces del centro del campo. Eso es este juego".

"Los jugadores se encargan de sacar a los técnicos campeones, no los técnicos campeones a los equipos".

"Decían que yo había subido al Salamanca a Primera. No es así. Yo subí con el Salamanca, no subí al Salamanca, que es distinto".

"Lo bueno y lo malo lo hacen los futbolistas".

Cómo planifica los partidos: "Teniendo en cuenta determinadas cuestiones del rival, pero con el afán de tener el partido donde más creemos que puede aumentar la probabilidad de victoria, es decir, lo más cerca de la portería rival. La idea es que el rival viva más pendiente de nosotros que nosotros de ellos".

"No hay nada más arriesgado que no arriesgar, por eso arriesgamos".

"Tenemos una gran iniciación de juego. Si nos tapan a uno de esa iniciación, pues aparecen los otros para hacerle un agujero grandísimo al rival desde atrás. Y si se preocupan de nuestra iniciación, entonces van a venir un poco más cerca en presión. Y si hacen eso pues tendremos más espacio a sus espaldas, entonces seguro haremos algo para ganarles ese sitio detrás".

"Soy el tipo más cagón que hay en el fútbol porque soy muy defensivo. Quiero tenerla siempre y cerca del área rival para no estar sufriendo atrás".

"Para mí el problema es que el rival me meta atrás y al estar atrás y todos juntos nos domine. Además, me dejan lejos del objetivo nuestro que es el de meter gol".

"No podemos perder la pelota antes de tenerla".

"El pase es el fusible del juego del fútbol. Tú puedes tener un aparato de televisión maravilloso, un 4K de 800 pulgadas, pero si no te funciona un fusible ya está, de nada servirá".

"Si tú la pierdes mientras vas subiendo (avanzando), sufres para atrás seguro y contra eso no se han inventado nada".

Respecto a tener tres iniciadores de juego con compromiso o comprometidos (Henríquez, Aguilar y Cuesta en Nacional, por ejemplo): "Como no vengan a parar a los tres, van a tener problemas. Y si vienen a parar a los tres, habrá sitio por detrás de ellos (los rivales) porque no se puede estar en todos los sitios, excepto Dios. No se puede estar en todas partes: si vienen aquí, no están ahí; si se quedan allí, estamos aquí. Entonces que elijan (los rivales). Lo bueno es que por lo menos tienen que montar las cosas en función de".

"Lo que no tiene que hacer uno (entrenador) es conspirar contra las virtudes de su propio equipo".

"Para mí eso de 3, 2, 4 (líneas) no existe. Se mueve el balón y se mueven todos por todos lados".

"Jugar es saber elegir dónde situarse y qué hacer en función de las circunstancias y las demandas".

"Soy tan defensivo que si pudiera no saldría del campo contrario".

"Lo que pasa atrás tiene mucho que ver con lo que ha pasado o no adelante; lo que pasa en la derecha tiene mucho que ver con lo que ha pasado, pasa o va a pasar en la izquierda; lo que se genera por adentro ocasiona que pasen cosas por afuera y viceversa".

"El juego táctico consiste en una reubicación y reorganización continua en función de dónde está el balón y quién lo tiene (sea un compañero o un rival)".

"La mayor seguridad es no perderla (la pelota)".

"Lo mejor es poner aquellos jugadores que tardan más en perderla (la pelota) porque así no hay que correr para atrás".

"Muchas veces elegir jugadores para cuando la pierdes (la pelota) hace que sean esos jugadores, curiosamente, los que más fácil la pierden".

"La intencionalidad es tener una secuencia de pases lo más larga posible para que quedemos estables".

En tono irónico: "Los mejores jugadores son aquellos que no juegan cuando el equipo ha perdido".

"Qué triste tener tipos (jugadores) que en función de lo que digan los demás, así se comporten".

"Si los demás hablan bien de mí, yo me veo bien; si los demás hablan mal de mí, yo me veo mal… Eso es esclavitud. Viviendo así serás esclavo de los demás. Tendrás que saber quién eres tú para ti mismo, porque si no los demás van a decidir por ti en vez de tú elegir por ti".

"Hay que hacer los pases que las circunstancias precisen. A veces tienes la intención de dar dos pases, pero si el rival te viene muy cerca, tendrás que dar 3, 4, 5".

"En el fútbol no puedo hacer lo que yo quiera si hay alguien que no quiera que haga lo que yo quiero hacer".

"En el fútbol, el terreno es compartido, no como en otros deportes. Entonces, en el momento en el que compartes el terreno y el balón, esto se convierte en una faena y se hace difícil".

"Los pases (cantidad) son los que la circunstancia necesite o los que los jugadores interpreten, al fin y al cabo ellos son los que juegan".

"Los aconteceres previos son los que te permiten robar cerca de donde la pierdes (la pelota). Si no han viajado juntos con el balón, tú no puedes robar al momento de la perdida. Si quedas muy lejos de donde la pierdes, no puedes ir a apretar, vas a hacer un gran esfuerzo y el rival va a decidir tranquilo. Si nosotros vamos todos juntos, ahí si puedes ir a robar. Es decir, lo que pasa en la determinación para robar tiene que ver con lo que ha pasado hasta que la pierdes. Si tú no estás muy junto a través del pase, tú no puedes robarla inmediatamente".

"Antonio Machado decía: 'Yo me jacto de mis propósitos, no de mis logros".

"Nos ha faltado ser nosotros mismos porque hemos jugado más al golpe del público que al golpe de lo que nosotros somos. Eso me fastidia, no es reprochable porque viendo el ambiente es entendible".

"Si uno tiene una mínima condición empática y ha hecho un poco de deporte sabe que las condiciones emocionales fluctúan mucho durante un partido".

"Los argumentos en boca de un 'perdedor' son tomados como excusas".

"Al que pierde no se le dice que perdió, se le llama perdedor".

"Yo creo que pierdo, no que sea perdedor".

"Yo quise ser jugador de fútbol y por desgracia no pude".

"A los hinchas se les habla allá dentro (en la cancha)".

"A un tipo que pierde no se le cree. Y a un tipo que gana se le creen hasta las mentiras".

"Un médico en Zaragoza, que tenía como 80 años, me decía: 'Míster, no hay como decir la verdad para que no te crean (risas irónicas)".

"Mejor es que en el jugador haya aprendizaje y no repetición. Cuando en el jugador hay comprensión, no hay repetición".

"El sistema no es la Biblia. Es la calidad de los jugadores lo que marca la diferencia. Algunos días jugaremos con el 3-5-2 porque así podemos juntar mucha calidad en el centro del campo, pero otros días jugaremos con el 4-3-3".

"Mientras va, vuelve. Y no vuelve con nosotros, sino con los otros (rivales)".

"Para ganar campeonatos y competir en múltiples competiciones necesitamos de toda la plantilla, no solo de 11 o 14 futbolistas".

"Si el rival no quiere meterse debajo de su arco nosotros intentamos que lo haga".

"Los cambios son una posibilidad que el reglamento te da, no una obligación que el reglamento te pone".

Lillo no solo valora los buenos momentos de su equipo con la pelota. También le da mucho valor al esfuerzo colectivo en aquellos momentos en los que su equipo no dispone del balón y es sometido por el rival. A esto le llama 'sufrir juntos'. "Valoro muchísimo de mi equipo que sufrimos todos juntos; es un conjunto en el que todos se esfuerzan por los demás, en el que cuando hay que hacer un partido guapo lo juega guapo; si está feo lo juegan todos feo".

"En la segunda mitad, me ha encantado verlos sufrir juntos, y me ha encantado la conducta encima de los del fondo. Cuando peor estábamos viviendo las circunstancias, ellos más apretaban. Vivir la angustia que nos generamos por no matar ayuda a que el equipo sepa sufrir junto".

En otras palabras, ayuda mutua o ayuda recíproca. Un ejemplo de las varias situaciones que hay sin balón; mi compañero está marcando y está *encartado* (porque el rival es muy hábil), entonces yo voy y le ayudo a marcar dejando un espacio libre al que seguro llegará un rival, pero también un compañero para marcar. Es decir, le ayudo a un compañero y a mí me ayuda otro compañero y así sucesivamente. El problema viene cuando tú abandonas tu espacio para ir a auxiliar a un compañero, un rival ocupa ese espacio y ningún compañero tuyo llega a marcar. Con balón también existe la ayuda mutua

Frases-reflexiones de Guardiola

Pep no se queda atrás y al igual que su maestro en cada frase, en cada palabra, en cada concepto nos regala profundas y enriquecedoras reflexiones sobre el juego del fútbol, su entorno y la vida misma.

"No es fácil ser central en nuestro equipo. Tienen que hacer algo más que defender, es muy exigente. Esto sólo puede pasar si eres valiente y tienes coraje. Es cuestión de leer muy bien las situaciones, dónde pasar el balón, cuándo hacerlo, a quién pasarlo… Lo que hay que hacer cuando el rival salta y cuando no, encontrar los espacios".

Primer año: paciencia y construcción. "Hay que ganar títulos y para ello necesitas tiempo", decía Guardiola durante su primer año en el City. Primer año en el que no ganó un solo título. Eso sí, construyó la máquina que el segundo año de su gestión pulverizó todos los registros de la Premier League.

"La toma de decisiones se mejora (se entrena) jugando. A peores jugadores, entrénalos en espacios más grandes. A mejores jugadores entrénalos en espacios más reducidos para que tengan menos tiempo para pensar y tomar las decisiones justas".

"Tener autoestima y algo de arrogancia es vital para competir a alto nivel".

"La energía a mí me la da perder".

"El equipo que juega rápido (el balón), juega simple y bien".

"Suéltala (la pelota), el balón quema. El balón siempre debe estar en movimiento. Cuando decides conducir para driblar está perfecto, de lo contrario, muévelo".

"Siempre se habla del entrenador y de los jugadores, pero es imposible ser campeones sin el esfuerzo de todos los trabajadores del club". Pep reconoce que los grandes logros no solo son producto de los jugadores y el entrenador, sino que también contribuyen a conseguirlos todos aquellos que hacen parte del staff técnico, médico y administrativo del club (conductores, cancheros, mensajeros, contadores…). Lindo detalle.

"Es imposible conseguir lo que habéis conseguido (el título de la Premier League 20017-18) sin ser buenos seres humanos, sin ser buenas personas, si no os aceptáis los unos a otros".

"Tomar la decisión en el momento apropiado es lo más difícil del fútbol".

"Tienes que dar pases y pases. Y otro más, y otro. Los pases extra ayudan siempre a estar más juntos.

"Sin la pelota, todo el mundo corre. Con pelota, intentamos jugar".

"Lo que quiero, es no perder la pelota. Juega fácil, hazlo fácil, simple. El resto, es porque eres bueno".

"Sé que lo que transmito a mis jugadores no pertenece a mí, todos me han aportado algo. Los conocimientos al final les pertenecen a todos los entrenadores que he tenido, unos más que otros evidentemente, pero todos me han aportado alguna cosa. De todos los compañeros con los que jugué aprendí mucho y los jugadores que ahora tengo la gran suerte de dirigir, de todos ellos he aprendido.".

Cuando entrenaba al Barcelona regalo está linda revelación sobre la pasión por su trabajo; "Amo mi oficio, tengo pasión por mi oficio, lo adoro. Uno o dos días antes de cada partido que jugamos me voy al subterráneo de Can Barça. Allá no hay luz exterior, hay un pequeño despacho que he acondicionado. He puesto una alfombra, una luz que está bastante bien, y allá me encierro. Me encierro hora y media, dos horas. Allá voy con dos o tres DVD's que Carles, Dome y Jordi, que son la gente que me echan una mano como tantos otros en esta aventura, me dan sobre el equipo con el que tenemos que jugar dentro de uno o dos días. Me siento, cojo folios, un bolígrafo y pongo el DVD. Comienzo a ver al equipo contrario con el que jugaremos y apunto: Coño, el central derecho juega mejor que el izquierdo...el extremo derecho es más rápido que el izquierdo...aquel juega todo con pelotas largas...aquel juega así o asá...aquel sube por este lado y baja por el otro... Y voy apuntando todo lo que se me ocurre de las cosas buenas que hacen los contrarios. Mientras escribo, apunto también las debilidades del contrario y pienso: a éste le podemos hacer daño por aquí si este tío juega aquí, si Messi juega por aquí o

por allá probablemente lo encontraremos... Pero llega un momento acojonante, fantástico, lo que da sentido a mi profesión. Creedme que soy entrenador por ese instante. Es el momento mágico cuando te das cuenta y dices; 'ya lo tenemos, mañana ganamos'. A veces dura un minuto veinte, a veces un minuto treinta, a veces dura un minuto, a veces llegan dos partidos de un mismo contrario... No sabes por qué, hay una imagen, unas cosas que has visto que te hacen darte cuenta que mañana ganaremos. No penséis que tengo la fórmula mágica, no, porque lo he pensado y hay días en que hemos perdido. Pero os lo digo por la pasión que siento por mi oficio, que me imagino es la misma que tienen ustedes por sus profesiones, los médicos, panaderos, doctores, profesores de escuela, albañiles como mi padre, cualquier persona afuera. Hay un momento de su oficio. Yo reivindico el amor de este oficio, yo amo mi trabajo por este instante. Entonces ya me encargo de transmitir a mis chicos y decirles; 'nanos, tenemos que hacerlo así', y a veces sale o no sale. Pero aquel momento es el que da sentido a mi profesión", retrató Guardiola en un evento de condecoración en Cataluña en el año 2011.

"No saben el placer que representa para un entrenador imaginar un partido o jugadas de un partido y que ellos (los jugadores) lo hagan posible en el campo de juego".

"El deporte me lo ha enseñado todo en el día a día, viviéndolo, estando ahí jugando, compitiendo. Me ha hecho entender la vida, lo que significa respetar a un compañero, respetar a un superior, respetar la decisión de un entrenador cuando no me pone porque no estoy bien y el otro está mejor que yo, aceptar que ante las injusticias no hay que revelarse de manera equivocada, hacer las cosas lo mejor posible para que la injusticia y el azar no intervenga, aceptar que los rivales son o están mejor que yo, valorar la derrota y la victoria con humildad...".

Como jefe, como líder, inesperado y sorpresivo. Pep siempre sale con algo nuevo, siempre inventa y propone cosas fuera de lo común que terminan rompiendo esquemas. En el Barcelona cuando todo marchaba a la perfección decidió, en un clásico ante el Real Madrid, hacer una serie de cambios tácticos, que sorprendieron, no solo a los rivales, sino fundamentalmente a sus propios dirigidos. "...Guardiola nos sorprende.

Normalmente Messi jugaba en la banda derecha y Samuel Eto'o era el nueve, en mi opinión el mejor centro delantero del mundo en ese momento. Samuel era un espectáculo por todo lo que hacia y le daba al equipo. Entonces Pep en aquel partido cambia; pone a Samuel Eto'o de extremo derecho y a Messi de nueve. Nos sorprende diciendo que Messi será falso nueve, que va a retrasar la posición, que los centrales del Madrid no van a salir por Messi por el temor que le tienen y así nosotros haríamos superioridad numérica 4 para 3 en esa zona del centro del campo. Los tres del Madrid contra Sergio Busquets, los dos interiores (Xavi e Iniesta) y el falso nueve (Messi). Hicimos un partidazo, ganamos 6-2 y tuvimos la superioridad y el balón, incluso más de lo normal", relató Xavi Hernández.

Para reinventar y reinventarse, como lo hace Pep, no solo debes tener creatividad y conocimiento, también debes ser muy valiente.

Su discurso en el vestuario es directo. "Los defenderé hasta el final en la rueda de prensa. Pero aquí (en el vestuario) les diré la verdad. Hoy no he visto pasión por ganar, no la he visto". "Algunos de ustedes juegan mejor cuando están enfadados conmigo; si tienen que odiarme, adelante, no pasa nada! Pero en cada entrenamiento, en cada partido, tienen que estar listos". "Sé que tienen calidad, sé que tienen talento, pero para convertirse en el mejor equipo tienen que aprender a jugar al fútbol con valentía"... Algunas de las arengas impetuosas de Pep a sus dirigidos en el Manchester City.

El Método Lillo

"Fui a México por Juanma (Lillo). Por ver la metodología de entreno, por ver cómo trabajaba la defensa, cómo preparaba los entrenos... Apuntaba todos los entrenos y después de cada sesión apuntaba los tiempos de los ejercicios, los tiempos de recuperación, los minutos... Fue un gran aprendizaje. Juanma es un avanzado en muchas, muchas cosas. Lillo no necesita ser homenajeado, lo he dicho siempre, está preparadísimo, preparadísimo", Pep Guardiola en el programa Universo Valdano.

Por Iñigo Domínguez, mano derecha de Juan Manuel Lillo.

Pretemporada / Período adaptativo

La pretemporada o periodo adaptativo para los jugadores empieza con una reunión individual con Juan Manuel Lillo. Estas reuniones tienen lugar el primer día de entrenamiento. Juanma hace esto desde que inició su carrera como entrenador, con 16 años de edad, en el Amaroz KE (equipo infantil de Tolosa, España). Hoy es una práctica que puede ser más habitual, pero como con otras cuestiones (fue quien desarrolló la formación 1-4-2-3-1 durante la temporada 1991-92, por ejemplo) primero fue él y luego otros muchos siguieron detrás. No tardará en volver a ocurrir con su reformulación del juego de posición en juego de ubicación, ya que ésta segunda acepción se ajusta con más precisión a todo lo que abarca.

Este periodo adaptativo está enfocado a crear una cultura de vida y una cultura de juego (o cultura táctica). A lo largo de este periodo adaptativo Juanma suele dar charlas grupales que tienen que ver con la transmisión de valores, con ayudar a tomar conciencia de lo que supone formar parte de un colectivo y de cómo los comportamientos de cada individuo influyen en el grupo, sobre la relación entre la forma de vivir y la forma de jugar, la incidencia que tiene el hecho de ser futbolista para sus entornos más próximos y más remotos. Este tiempo es fundamental para invertir en cuestiones humanas y sentar las bases para la convivencia. En cuanto a la cultura táctica, en los entrenamientos de este período se presentan situaciones estructurales alternando de manera prioritaria aspectos del juego relacionados con el 'todo' con aspectos del juego relacionados con las 'partes'.

Andrés Iniesta no quería terminar su carrera sin que Lillo lo entrenara, por eso lo recomendó (a Lillo) al Vissel de Japón.

Temporada

"La táctica es jugadores. Juanma (Lillo) insistía mucho, olvídate de hablar y dime qué jugadores tienes. ¿Tienes a Lahm o Walker? En función de los jugadores que tengas te adaptas, te imaginas jugadas con ellos...", Pep Guardiola citando a Juanma Lillo en el programa Universo Valdano.

A lo largo de la temporada lo estructural no deja de ser atendido porque el objetivo es procurar que el equipo crezca a través de la incorporación de nuevos conceptos, siempre que la competición lo permita. Cuando inicia la competencia oficial empieza a tener cabida lo coyuntural, que es atender la particularidad de cada encuentro.

En este punto, incluso el calentamiento del primer entrenamiento posterior al último partido va orientado a preparar el siguiente (partido). ¿Cómo se hace? En los primeros entrenamientos anteriores al próximo juego, los elementos necesarios van a aparecer de manera implícita. El jugador todavía no tiene conciencia, o no se le presenta claramente lo que está haciendo y su finalidad. A medida que avanzan los días y nos acercamos al partido lo implícito se empieza a convertir en explícito, es ahí donde al jugador se le relaciona lo que ha hecho en los entrenamientos anteriores con el partido que se aproxima.

Los días en que los contenidos de las situaciones de entrenamiento son más explícitos suelen ser, en una semana normal, los dos últimos días. En Colombia, al ser habitual jugar cada 3 días, normalmente esto acontecía en la última sesión (o día previo al partido). Cuando hay pocos días para entrenar, habitualmente en la última sesión se realiza una charla grupal en aula en la que se dan las orientaciones de cara al próximo enfrentamiento. Se pueden utilizar imágenes a modo de ayuda. Sí se suelen proyectar para todos los partidos las situaciones de balón parado del equipo oponente, ya que Juanma prepara jugadas diferentes en función de los comportamientos de los jugadores rivales en este tipo de acciones. Posteriormente se desarrolla en el campo todo lo tratado en el aula. Es ahí donde el jugador 'vive' el partido en distancias reales.

Tras experimentar este proceso de preparación de partido con Juanma, es común el sentimiento de seguridad en los jugadores de cara a afrontar la competición, llegando a verbalizar "ya no podemos perder, ahora ganar depende de nosotros".

El día del juego no suele haber charla 'técnica' en el hotel porque el partido ya está entrenado. Lo que puede haber es una charla corta, de carácter emotivo, en el vestuario justo antes de salir a calentar. Contaba el Loco Abreu que a Pep Guardiola (Dorados de Sinaloa 2006) le gustaba que estas charlas fueran justo antes de salir a jugar porque les ponía como motos.

Charla del descanso

La charla del entretiempo es una de las cosas que más destacan los jugadores dirigidos por Juan Manuel Lillo por su capacidad de análisis de lo que está pasando, aventurar lo que va a acontecer en el segundo tiempo y sacar partido de ello. Preparar emocionalmente al equipo para afrontar el segundo tiempo también es clave.

En una conversación con Fabián Vargas (U.D. Almería 2009 - 2011), el jugador recordó cómo durante un partido de Copa del Rey en la cancha de la Real Sociedad, que perdía 2-0, Juanma tranquilamente y transmitiendo confianza en lo que se estaba haciendo les dijo a los jugadores en el entretiempo: "Por el resultado no os preocupéis que el partido va a terminar 2-3, sólo tenéis que atender un par de cuestiones". Curiosamente el partido terminó 2-3. En cambio en otros partidos habiendo llegado al intermedio con una ventaja a favor de dos o tres goles, Juanma puede montar una "bronca terrible" porque el desempeño no está siendo el adecuado.

Tal vez, si se entiende lo que está pasando en el campo el resultado no es determinante para decidir qué y cómo hablar a los jugadores.

Esta es una visión general de cómo puede ser la estrategia organizativa entre un partido y otro, pero Juanma es una persona muy intuitiva y con mucho talento que no se rige por patrones previamente establecidos. Eso le puede llevar a dar una charla o dejar de darla si percibe que se dan o no las condiciones para ello. También en los partidos, en apenas dos minutos es capaz de vislumbrar cómo va a ser el encuentro y qué jugadores van a estar bien y quiénes mal. ¡Y la clava! Igual pasa con los entrenos, puede decidir qué situación se va a entrenar momentos antes de ir a la cancha o incluso en la propia cancha. ¡Y salen de maravilla!

"Lillo no repite entrenamiento y eso es interesante y divertido para el jugador", Alexis Henríquez, capitán histórico de Atlético Nacional.

La importancia del contexto

El contexto determina qué aspectos entrenar. Por ejemplo, en Atlético Nacional se han practicado menos que en otros equipos situaciones donde se priorizara la salida de balón, puesto que la mayoría de los equipos en Colombia no te vienen a buscar. En cambio, se han entrenado más aspectos, conceptos o elementos que tenían que ver de forma prioritaria con la disposición del balón en campo adversario y todo lo que se deriva de ello.

"Lillo cada entrenamiento lo planifica diferente en función del adversario porque, por ejemplo, no es lo mismo enfrentar a Junior en Medellín que en Barranquilla. Así sea el mismo equipo, en este ejemplo Junior, no es lo mismo", Alexis Henríquez, capitán histórico de Atlético Nacional.

De lo implícito a lo explicito, de lo estructural a lo coyuntural.

A continuación se describen tres situaciones de entrenamiento en los tres días previos a la competición ante un equipo que te viene a buscar o presionar.

Primer día

Dos equipos de 6 jugadores cada uno (más portero) se enfrentan en un campo de juego dividido en tres zonas. Los jugadores tienen ubicaciones fijas distribuidos 1-2-3-1. En la primera serie el equipo que dispone del balón reanuda el juego desde saque de meta propio. El portero más otros dos iniciadores tienen superioridad numérica sobre el rival (3 contra 1). El objetivo es avanzar en conducción a la zona del medio. Así, se formará una superioridad numérica 4 contra 3 en esta segunda zona. Ahí se debe mover el balón hasta encontrar al jugador libre, que invadirá la última zona en conducción para provocar un 2 contra 2 sobre los más retrasados del equipo sin balón. Se podría dejar entrar a un tercer jugador del equipo que dispone el balón.

En la segunda serie se puede aplicar la siguiente variabilidad. Para compensar la superioridad numérica inicial (3 contra 1) uno de los jugadores del equipo que trata de recuperar salta de la zona del medio a la zona de inicio o de reanudación de juego. Ante esta situación, probablemente los jugadores del equipo que dispone el balón tendrán que utilizar el pase en lugar de la conducción. En esta serie se dará una situación numérica de 3 contra 2 en la zona del medio favorable al equipo que dispone el balón. Por lo tanto, los iniciadores deberán conectar con esta zona pues la superioridad numérica la encontrarán relacionándose con sus compañeros próximos. Cuando estos reciban el balón deberán llevar esta superioridad hacia delante.

En la tercera serie, nueva variabilidad. Del equipo sin balón salta un jugador de la zona del medio a la de inicio y otro de la tercera zona a la del medio para compensar numéricamente. Todos los jugadores (excepto los porteros) quedan emparejados. El equipo que dispone del balón deberá buscar la conexión con el compañero más alejado y se permitirá la incorporación de algún compañero desde la zona del medio para posibilitar una relación posterior.

Por supuesto, ambos equipos alternan los roles de disposición del balón y de recuperación.

Segundo día

Se practica la salida de balón en distancias reales, con los jugadores retrasados (iniciadores) ubicados en sus espacios de juego más habituales. La norma puede ser cruzar el medio campo con el balón dominado. Naturalmente, hay que disponer a los adversarios tal cual se prevee se distribuirán los jugadores del equipo rival en el partido de competición. Se pueden proponer diferentes situaciones numéricas con mayor o menor número de jugadores propios y de jugadores haciendo oposición. También se pueden ubicar 11 jugadores del equipo y cuando se consigue cruzar con el balón dominado una determinada altura del campo se van eliminando o inactivando adversarios (aquellos que hacen oposición a los iniciadores). Esto te acerca un poco más al juego real y al adversario.

Tercer día

El día previo al juego se distribuye al equipo titular en todo el campo en las ubicaciones que se consideran más oportunas para jugar el partido. Y los que no son titulares hacen oposición simulando los comportamientos y las características de los jugadores y del equipo adversario. En este momento se informa sobre el equipo rival y sobre el once más probable que presentarán.

Mayer Candelo, jugador dirigido por Juan Manuel Lillo en Millonarios de Bogotá, siempre se mostró sorprendido e impresionado por la manera tan clara con la que Juanma describía las características y comportamientos de los jugadores rivales y el acierto que tenía con las alineaciones de los equipos adversarios. "Conoce más jugadores que nosotros que somos de acá".

A este hilo conductor, que va de un partido a otro, lo llamamos estrategia organizativa. Esto es sólo un ejemplo, las situaciones de entrenamiento son diferentes no sólo debido a las características del equipo rival y sus jugadores, sino también por la forma que se elige para llegar a lo que se prioriza.

Luego está la puesta en práctica. Durante esta, la capacidad del entrenador para observar y corregir en el momento aspectos temporales, espaciales, relacionales que resultan de movimientos, trayectorias y velocidades tanto de los jugadores como del balón, es determinante. Otro aspecto fundamental es la habilidad para transmitir y emocionar al jugador antes y durante la actividad. Es en todo esto donde Juanma marca la diferencia.

CAPITULO 2.
EL JUEGO DE LILLO

Lo de Lillo no es solo verbo encendido. Es acción, es realidad. En su última aventura en los banquillos, en el Nacional colombiano, Lillo logró persuadir y orientar con suceso a los futbolistas del referente equipo colombiano para que estos desarrollaran en el campo de acción un juego prolijo, rico en recursos, variado, contextual, natural… En corto tiempo Lillo transmitió y los jugadores copiaron.

El Nacional de Lillo no ganó la Liga debido a un entorno enrarecido y contaminado. Sin embargo el 'Campeonato del Juego' lo ganó de punta a punta. Nacional jugó maravillosamente, rápido los jugadores copiaron la idea, adquirieron los conceptos y aplicaron en el campo. Aplicaron con devoción, la misma que tuvieron para respaldar a Lillo el día que Tolima eliminó a Nacional de la semifinal de la Liga colombiana. Debo confesar que nunca antes había visto que todos los jugadores de la plantilla por voluntad propia asistieran a la conferencia de prensa para decirles a los aficionados y medios de comunicación que estaban firmes con su entrenador y creían a ciegas en él.

Lillo se fue pero dejó una suculenta herencia conceptual. Sin duda ves al Nacional post-Lillo y se nota que Juanma pasó por ahí.

A continuación estudiaremos la mayoría de los partidos del Nacional orientado por Juanma Lillo, en los cuales se pueden apreciar una gran cantidad de tareas, herramientas, recursos y valores futbolísticos en los que cree el entrenador español.

Acto 1. Santa Fe-Nacional (Liga)

Franco Armani en puerta. Daniel Bocanegra y Jhon Edison Mosquera, abiertos, sujetan por fuera a Jhon Pajoy y Anderson Plata, respectivamente. Ezequiel Palomeque y Carlos Cuesta enfrentan a Denis Stracqualursi. Edwin Valencia fija a Yeison Gordillo, Aldo Ramírez a Baldomero Perlaza y Macnelly Torres a Juan Daniel Roa. Gustavo Torres sujeta por el flanco derecho, bien abierto, a Juan David Valencia. Dayro Moreno clava a los centrales Javier López y José Davis Moya. Y Ruiz, un poco cerrado, entre lateral y central, llama la atención de Moya y obliga a cerrase a Víctor Giraldo. Los tres más avanzados fijan, preocupan y ocupan a los cuatro más retrasados de Santa Fe.

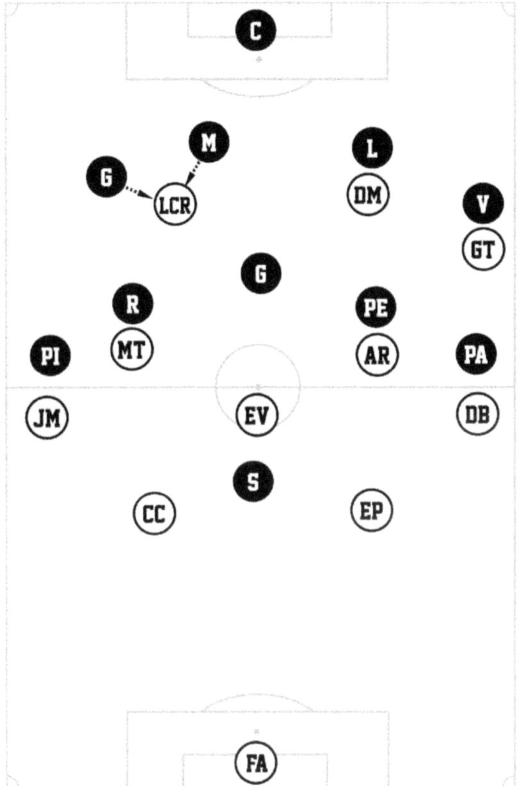

Pretensión. Someter al rival, obligarlo a replegarse, empujarlo contra su propia portería. Provocar superioridades numéricas en el centro del campo (por dentro y por fuera), liberar compañeros (hombre libre) y hacerlos partícipes del juego (pasándoles el balón). Atacar bastante la zona derecha del rival. Esto lo manifestó Lillo después del juego.

Superioridad numérica 4 vs. 3. Descenso de Ruiz al centro del campo para fijar a Roa y liberar a Macnelly Torres. En esta circunstancia, el hombre libre es Macnelly. Ahora, si Macnelly es quien fija a Roa, el descenso al centro del campo de Ruiz, a la espalda del centrocampista de Santa Fe, le hará hombre

libre si no le persigue un defensor, por ejemplo, Giraldo (tiene a la vista a Mosquera, que ha de estar abierto, alto y ojalá a la espalda de su par Plata, y teme abandonar su zona de influencia). Valencia, Ramírez, Macnelly y Ruiz versus Gordillo, Perlaza y Roa. Esto realmente no se presentó, aunque era la pretensión, puesto que Roa saltaba mucho y no se dejaba clavar.

Superioridad numérica 5 vs. 3. Igual que la anterior más el ascenso al centro del campo, en conducción, del central Carlos Cuesta. Valencia, Ramírez, Macnelly, Ruiz y Cuesta versus Gordillo, Perlaza y Roa.

Superioridad numérica 5 vs. 4. Descenso de Ruiz al centro del campo para fijar a Roa y liberar a Macnelly Torres. Sin embargo, si Plata decide cerrarse para tomar y amarrar a Macnelly, deberá soltar a Mosquera, que pasará a ser el hombre libre. Mosquera, aparte de ser el libre de oposición y ganar una buena altura (llegar hasta el centro del campo), tendrá ventaja espacio-temporal por afuera porque, primero, se encuentra bien abierto (pegado a la raya) y, segundo, Giraldo, el marcador-lateral derecho del oponente, estará cerrado por el posicionamiento inicial de Ruiz. Valencia, Aldo, Macnelly, Ruiz y Mosquera versus Gordillo, Perlaza, Roa y Plata.

Superioridad numérica 6 vs. 4. Igual que la anterior más el ascenso al centro del campo, en conducción, del central Carlos Cuesta. Valencia, Aldo, Macnelly, Ruiz, Mosquera y Cuesta versus Gordillo, Perlaza, Roa y Plata.

Producido. El juego de Lillo retratado de entrada. La primera jugada del Nacional de Lillo tuvo implícita varios conceptos del juego que pregona el nacido en Tolosa.

Doble superioridad numérica. La primera, 2 contra 1. (0':44" del video) Ezequiel Palomeque asciende, sin balón, al centro del campo y junto a Edwin Valencia, con una combinación o intercambio de pases, eliminan al punta rival Denis Stracqualursi. Primer momento clave de la maniobra. La segunda superioridad numérica, a una altura superior: 6 contra 5 en el centro del campo y hombre libre por dentro. Segundo momento clave: Dayro Moreno desciende (no es perseguido por el central izquierdo López. Realmente sale tarde, a destiempo, y termina dejando un hueco que finalmente atacará Nacional) y flota a la espalda de Baldomero Perlaza. Se convertirá Dayro en el hombre libre. López, por cercanía, es quien debe tomar a Dayro Moreno puesto que Giraldo (lateral derecho) y Moya (central derecho) son fijados por Ruiz, mientras que Pajoy (extremo izquierdo) y Valencia (lateral izquierdo) lo son por Bocanegra y Torres, respectivamente.

Edwin Valencia pasa a Aldo Ramírez (correcta elección del camino. Importantísimo tomar las decisiones justas. Eso lo hizo Valencia porque Dayro había ido a ese lugar, centro derecha, para atacar la espalda de Baldomero). Aldo controla, atrae a su oponente directo, Baldomero Perlaza, lo saca de posición y encuentra línea de pase con Dayro. Entre Aldo y Dayro, 2 contra 1 a Perlaza. La ubicación y colocación del cuerpo de ambos, pasador y receptor (Aldo y Dayro, respectivamente) es la adecuada; tienen comunicación y línea de pase. Aquí se elimina la segunda presión de Santa Fe. Finalmente, se ataca el espacio liberado por el central López con balón desde la banda derecha.

Nacional dispone de un minuto del balón (60 segundos), realiza 18 pases ininterrumpidos y todos los jugadores tocan el balón, todos participan. El balón circula por todas las zonas (adelante, atrás, en la mitad, por derecha y por izquierda). Se consiguen superioridades numéricas en diferentes sectores del campo, se encuentra al hombre libre, se liberan espacios, se dejan jugadores para jugar con ventaja, se ataca la espalda del rival, se atraen oponentes y se les obliga a abandonar espacios defensivos...

Buen ritmo de balón de Edwin Valencia en sus primeras intervenciones, jugando a 1-2 toques para dar velocidad a la circulación. La Ley de Lillo en estado puro en su primera jugada.

Valencia conduce, avanza, y al mismo tiempo Santa Fe se repliega. Luego, pase atrás de Bocanegra para obligar a los de Santa Fe a salir (mover al rival en vertical; se desplazan hacia atrás y luego hacia delante).

Cuesta, con espacio, controla y conduce, va hacia adentro o por adentro (aunque es el central izquierdo) puesto que es derecho y busca la comodidad del perfil y de su pierna hábil. Esta circunstancia, conducción hacia adentro, puede atraer-absorber a los rivales para que queden libres los compañeros de afuera.

Roa le sale, le salta y Cuesta lo elimina con una gambeta (el pase y la gambeta son los medios para eliminar adversarios). Cuando Roa sale y salta por Cuesta, deja libre a Aldo Ramírez, que yace a la espalda. Es decir, entre Cuesta y Aldo hay 2 contra 1 a Roa.

En otras palabras, Cuesta atrae, elimina y libera; atrae y elimina a Roa y libera a Aldo, todo gracias a su conducción y gambeta. El hombre libre, entonces, es Aldo Ramírez. Un detalle, la complicidad del adversario Plata: camina, observa, no ejecuta, está distraído, cerca de la acción pero no activo. Ni se abre para tomar a Mosquera ni se cierra para tomar al libre Aldo.

Eliminado Roa, Aldo recibe de Cuesta y extiende para Mosquera, bien abierto. Mosquera recibe libre porque, primero, Plata no viene con él y, segundo, Ruiz, cerrado, fija por adentro (cierra) a Giraldo, el marcador-lateral de Santa Fe. Mosquera recibe con ventaja espacio-temporal.

Evidentemente ayuda a la acción la falta de decisión y compromiso de Plata. Claro que si Plata colabora defensivamente y no se hubiese desentendido, hubiera tenido que elegir entre Aldo o Mosquera para marcar y, en este caso, igual, uno hubiese quedado libre. Plata también, en primera instancia, en la iniciación, pudo saltar por Cuesta, lo que le hubiese obligado a abandonar a Mosquera. Gracias a la maniobra de Cuesta y a la colocación de Ruiz, se encuentran dos jugadores libres (Aldo y Mosquera).

En posesión, Valencia fija a Roa, que salta y libera a Aldo. Aldo es el hombre libre a la espalda de Roa y distante de Gordillo, el volante central de Santa Fe. Yamilson Rivera, el extremo derecho de Santa Fe, no se cierra para amarrar a Aldo porque prefiere mantener la vigilancia sobre Mosquera, el lateral izquierdo pegado a la raya. Valencia no pudo encontrar la línea de pase para conectar con el libre Aldo.

Valencia, el mediocentro, es un jugador pesado. Y llegó a este juego con una inactividad larguísima. Con respecto al mediocentro, la idea es que el siguiente pase vaya dirigido al lado contrario de la zona que recibe. Es decir, si el balón viene de la derecha, pasarlo a la izquierda y viceversa, para cambiar la orientación de la circulación. Aclaro que esto no es regla inquebrantable y no siempre debe ser así. Para esto el mediocentro debería ser liviano y ágil para girarse rápido; jugar a 1-2 toques máximo. Un gran ejemplo: Pep Guardiola en el ***Dream Team*** de Cruyff.

Bocanegra (lateral derecho), por adentro, cierra a Pajoy y le da espacio y línea de pase por fuera al central Palomeque para conectarse con el extremo Gustavo Torres, que desciende algunos metros (no muchos pero los suficientes para mostrarse). Como el central derecho, Palomeque, amaga con pasar al extremo, que está bien pegado a la raya, el extremo izquierdo rival, Pajoy, se abre un poco para taparle esa línea de pase. Palomeque aguanta, no se apura, algo que le favorece y le da tiempo de ejecución a él mismo y a sus compañeros.

Pajoy, al desplazarse un poco hacia fuera, libera a Bocanegra, que se reubica a la espalda de los rivales, y provoca un callejón para que Palomeque conecte con Bocanegra. Con línea de pase, el central Palomeque filtra a Bocanegra y supera la línea de presión del rival. Bocanegra recibe a la espalda de los rivales y con ventaja espacio-temporal para seguir pasando o finalizar de media distancia (lo que finalmente hizo). ¿Resultado? Pelota en el palo tras remate de media distancia de Bocanegra.

En el centro del campo, por adentro, superioridad numérica 4 contra 3, sin contar a Palomeque, el central con balón: Bocanegra, Valencia, Aldo y Nieto versus Gordillo, Perlaza y Roa. Bocanegra, el famoso lateral que se cierra, va por adentro para provocar momentos a favor suyo y de sus compañeros.

La pelota larga cruzada de los centrales y/o laterales. Extremo derecho (Gustavo Torres), pegado a la raya, fija o su-

jeta al lateral izquierdo. Dayro Moreno, entre los dos centrales, los clava. Y el extremo izquierdo, Luis Carlos Ruiz, entre central derecho y lateral derecho fija al central y cierra al lateral del oponente. Toda la banda izquierda queda libre por inclinación del rival hacia la zona del balón. Pelota larga cruzada del central o lateral derecho, Bocanegra, buscando al alejado libre, el lateral izquierdo, que debe estar pegado a la raya para recibir con ventaja espacio-temporal. Después se juega el uno contra uno si alcanza a llegar su oponente o hace una penetración/ entrada al área.

Notas: Este juego demanda observar, pensar, engañar con la mirada y el lenguaje corporal, interactuar, ejecutar en interacción de manera deliberada e intencionada, más que correr con locura. Igual, es necesario aplicarle velocidad y rapidez a los movimientos sin balón y en la circulación del cuero (ritmo de balón; 1-2 toques máximo). Juego pensado, pero no lento.

Los centrales (en este *match*, Cuesta y Palomeque) fueron obligados a generar cosas (desajustes, atracciones, liberaciones) desde atrás. De sus pies salieron los mejores balones del equipo que terminaron en grandes progresiones y aproximaciones. Si sacan o llevan la pelota limpia, llegará limpia a los de arriba.

Acto 2. Nacional-Huila (Copa)

Segunda mitad. Tras un primer tiempo 0-0 y con la necesidad de desproporcionar al rival, Atlético Huila, con estructura 1-4-4-2 muy estrecha, Lillo decide cambiar el emplazamiento inicial (1-4-3-3) por el 1-3-2-3-2.

Emplazamiento/distribución de Nacional en la segunda mitad. En búsqueda del gol.

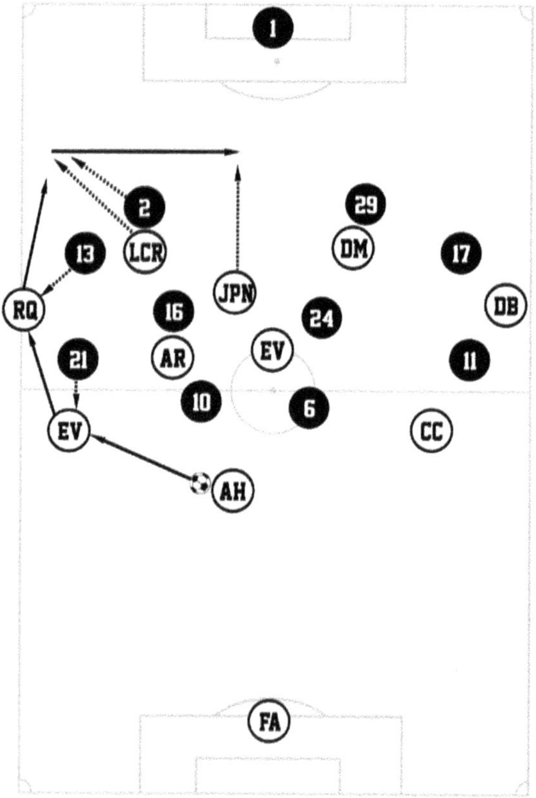

Carlos Cuesta, Alexis Henríquez y Edwin Velasco, los tres más retrasados de Nacional, bien abiertos, estirados en horizontal, ocupando todo el ancho del campo (68 metros). De los dos de afuera, el más pegado a la raya lateral, el más abierto, era Velasco, un lateral original, puro, de costumbre. La pretensión era que Cuesta, bien abierto, fijara a Duarte (el 11), el volante lateral izquierdo del Huila, y Velasco, también bien abierto, fijara a Rodas (21), el volante lateral derecho del adversario.

Como el rival tenía a dos jugadores avanzados situados a la misma altura (el 10 Fígoli y el 6 Ricaurte), Alexis Henríquez debía estar bajo o retrasado para alejarse de estos y disponer de tiempo y espacio para recibir y jugar el balón. Fígoli y Ricaurte estuvieron muy pegados a la doble contención del Huila y por su estirpe de centrocampistas no saltaban mucho en presión sobre Henríquez. Cuando saltaban, era a destiempo, puesto que no alcanzaban a llegar a presionar a Henríquez y terminaban dejando un hueco a su espalda al abandonar su espacio. Como las distancias de relación entre los tres más retrasados de Nacional eran grandes, porque estaban muy separados, los pases entre ellos en la iniciación han de ser largos, fuertes, firmes y seguros para evitar que se queden a mitad de camino y sean interceptados por el rival. Una pérdida allí será difícil de remediar. Riesgo alto. Pero bien dice Lillo: "Lo arriesgado es no arriesgar... Eso sí es riesgoso".

En continuación, los dos centrocampistas centrales de Nacional, Aldo Ramírez y Edwin Valencia, estaban de cara a los dos volantes de contenciones del Huila (el 16 Castillo y el 24 Robles). A la espalda de Castillo y Robles se situaba Juan Pablo Nieto. Por dentro, un teórico 3 contra 2.

Daniel Bocanegra y Rodin Quiñones, los jugadores de banda, bien abiertos y con una altura suficiente (ni muy profundos, ni muy bajos) para jugar a la espalda de los volantes laterales del rival y fijar a los dos marcadores laterales del Huila, Perlaza (13), el derecho, y Marvin Vallecilla (17), el izquierdo, abriéndolos y sacándolos al mismo tiempo. Estando abiertos y avanzados era muy difícil que pudieran dar apoyos defensivos a los centrales puesto que quedaban muy separados, a mucha distancia, de Segura y Ramírez.

Luis Carlos Ruiz y Dayro Moreno, por dentro, quedaban mano a mano, a poca distancia de la portería rival, con los centrales Segura (2) y Ramírez (29). Las probabilidades de perder el uno contra uno con Dayro Moreno son altísimas, debido a la velocidad, creatividad y habilidad del atacante.

Idea completa para la iniciación, continuación y finalización del juego por adentro y por afuera.

Iniciación: pase, extensión de Alexis Henríquez a Velasco. Velasco, bien abierto, supera a Ramos a través de un pase por fuera. Conecta con Quiñones.

Continuación: Rodin, con perfil cambiado (derecho jugando por izquierda), viene si es necesario o en su sitio (sin necesidad de moverse), pero a la espalda de Ramos, controla y atrae a Perlaza, que se abre y sale. Ruiz se desmarca al espacio, se abre para atacar la espalda de Perlaza y abre al central Segura, al que previamente está fijando. Pase de Rodin a Ruiz.

Finalización: Centro o servicio de Ruiz, desde afuera, a Nieto, que llega como hombre libre a finalizar la jugada.

Esta acción tuvo una buena iniciación, el comienzo de la continuación fue el correcto, pero en la parte final de la continuación pereció. Quiñones intentó conectar, debido a su perfil cambiado, con los de adentro y no por afuera ante el desmarque de apertura de Ruiz. El pase de Quiñones fue interceptado por el rival. Vale señalar que Quiñones con la derecha y cerrándose también puede encontrar línea de pase y conectar por fuera con el delantero que se desmarca y se abre. No hay leyes inquebrantables.

Producido: el primer gol. El que abrió el camino.

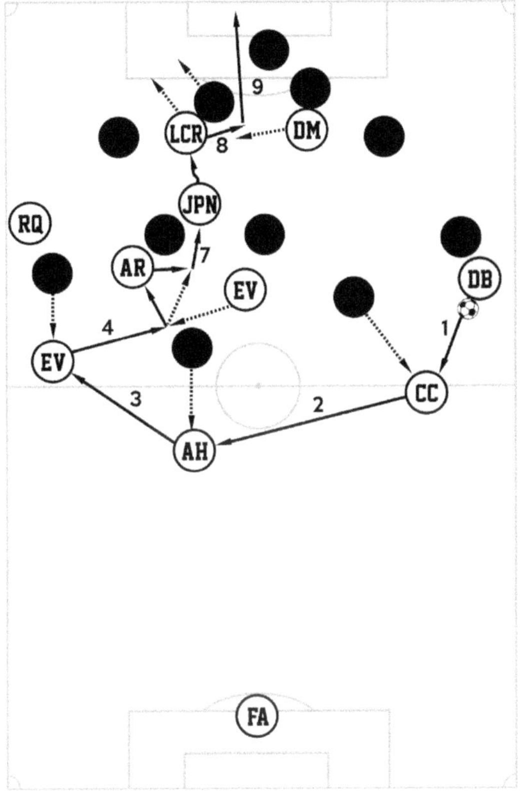

Rival replegado en propio campo. A Juan Manuel Lillo le gusta que siempre sea así. Bocanegra, en presión por su oponente directo, el volante lateral izquierdo del Huila, se apoya en Cuesta, que está siendo referenciado por Ricaurte, uno de los dos avanzados del Huila. Cuesta retrocede para Henríquez, que atrae a Fígoli, el otro avanzado del Huila, que a mi parecer salta por Alexis a destiempo. Valencia ha quedado libre a la espalda de Fígoli. Henríquez extiende para Velasco, que atrae a Ramos, el volante lateral derecho del Huila. Ramos queda a mitad de camino porque Velasco juega a dos toques y Fígoli

corre inocuamente detrás del balón. Nacional lo mueve rápido, a 1-2 toques (buen ritmo de balón en la circulación).

Velasco conecta por adentro con el libre Valencia, que ha basculado o se ha desplazado a la zona del balón (centro-izquierda). Aldo Ramírez está fijando a su oponente directo Castillo. Valencia pasa a Aldo, que retiene el balón y atrae, además de su marcador directo Castillo, también a Ramos y Fígoli. El movimiento de Aldo hace que haya un intercambio de marca entre Castillo y Ramos. Los intercambios de marca y estar tan cercanos los unos de los otros generan confusiones y fundamentalmente excesos de confianza en los recuperadores (me confío que el otro, que está cerca, lo toma... Y el otro igual. Entonces, ni tú ni yo lo tomamos). Todo esto provoca una falta de agresividad grandísima en la marcación del Huila sobre Aldo Ramírez, que después se verá reflejada en la zona de finalización de Nacional por la escasez de elementos defensores.

Aldo pasa a Valencia, que con libertad, gracias también a la complicidad del Huila (pasivos y sin agresividad en la marcación), queda con línea de pase para conectar con Juan Pablo Nieto, que yace a la espalda del doble de contención (Castillo-Robles) del Atlético Huila. Filtración de Valencia, control orientado y giro para quedar de cara a puerta de Nieto y progresión. Ruiz clava al central derecho Segura, Dayro desciende, flota (no lo persigue su marcador Ramírez; otra complicidad del rival) y recibe de Nieto con la suficiente ventaja espacio-temporal para sacar el remate a puerta a un toque (no le dio tiempo para achicar a los defensores del Huila).

> Notas: No es ubicarse por ubicarse, ocupar un espacio por ocuparlo, posicionarse por posicionarse, moverse por moverse, correr por correr, desmarcarse por desmarcarse, pasar por pasar, conducir por conducir... Toda intervención, cualquier emplazamiento, ha de tener una intencionalidad y una finalidad. Por ejemplo, para los banderos o jugadores de banda situarse más alto provocará cosas distintas a ubicarse más bajo; igual si está más abierto o más cerrado.

Todo debería generar o provocar algo para los demás, para el equipo, para sí mismo, y en contra del adversario. Esta es una

manera de jugar pensada, razonada. El jugo está en comprender esta manera de jugar.

Evolución de Juan Pablo Nieto. En el primer juego, exceso de protagonismo, descendía a quitarle el balón a sus compañeros, conducciones y retenciones interminables e insufribles. En el segundo partido, ante el Huila, más posicional, sin tanto exhibicionismo y exceso de carrera irreflexiva. Esperando el momento oportuno a la espalda de los contenciones del rival para intervenir. No venía, esperaba bien colocado, para participar del juego según la tarea asignada y en los espacios asignados.

Acto 3. Nacional-Bucaramanga (Liga)

Distribución de partida Nacional. Con balón, buscando el gol.

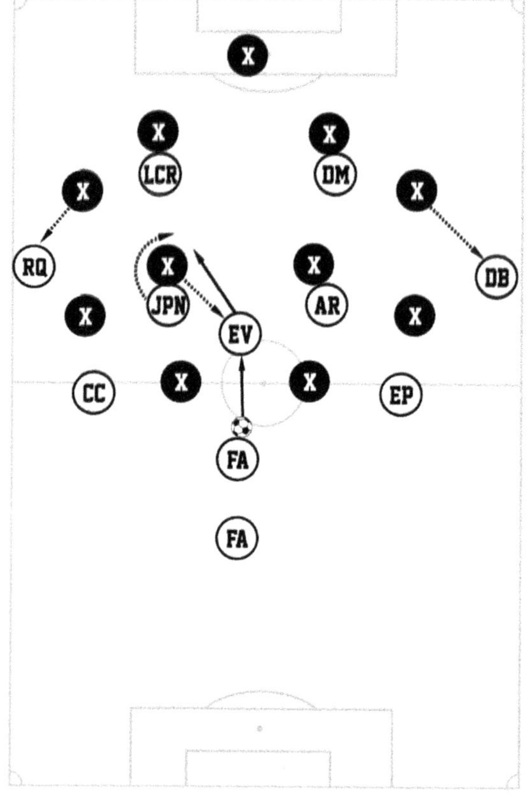

Ante el 1-4-4-2 del Bucaramanga, Lillo decidió jugar con tres retrasados, dos banderos (jugadores de banda), un mediocentro, dos interiores y dos puntas.

Tres (Felipe Aguilar, Carlos Cuesta y Ezequiel Palomeque) para superar/eliminar a los dos atacantes del rival. Aguilar, de sostén, de apoyo, el seguro de vida, el comandante en la iniciación y la construcción retrasada del juego. Palomeque, a derecha, y Cuesta, a izquierda, para fijar y atraer, bien abiertos, por afuera, a los volantes laterales del rival. Valencia está a la espalda de los dos atacantes del rival y de cara a las dos contenciones oponentes.

Quiñones y Bocanegra, los banderos, para intervenir, aparecer o situarse a tiempo (en el momento oportuno) en la altura del campo requerida (más bajo, más profundo o intermedio); esa lectura situacional resulta ser determinante en el juego. Quiñones por izquierda con la altura en el campo adecuada para jugarle a la espalda al volante-lateral derecho del rival y, aparte de abrir, sacar al marcador-lateral derecho del Bucaramanga. Bocanegra, por derecha, igual. Si abres y sacas al lateral, el central jugará mano a mano. Qué peligro para el adversario.

Aldo Ramírez y Juan Pablo Nieto fijando al doble de contención del equipo rival. Y Ruiz y Moreno clavando a los dos centrales del Bucaramanga. Uno de los dos, indistintamente, descendiendo para jugarle a la espalda a las contenciones del rival, provocando superioridades numéricas por adentro y hombres libres de oposición.

Pretensión: Someter al rival, arrinconarlo. Empujarlo hacia atrás. Rodearlo, sitiarlo, hasta que se rinda y se entregue. Disponer del balón la mayor cantidad de tiempo posible, jugar permanentemente en campo rival. En otras palabras, tener el balón (pero tenerlo bien) cerca de la portería rival y con ventaja para aumentar las probabilidades de ganar. Lógico, si la tienes tú, el rival no. Y si el adversario no dispone del balón, las probabilidades de sufrir gol serán menores. Entre más cerca vivan los adversarios de su portería, aumentará la zozobra, el miedo, la incertidumbre y reinará la confusión. Esto no siempre es así. Hay equipos que se sienten muy cómodos todos juntos y atrás. Hay quienes están hechos para sufrir.

Producido: Primer tiempo de alto nivel. Tercer partido de Lillo en el banquillo y Nacional hizo los deberes. ¿Qué deberes?

Los relacionados con el juego que cree Lillo que sus dirigidos pueden ejecutar. Vamos a compartimos.

Juntarlos, estirarlos, dispersarlos: Circulación fuera-dentro-dentro-fuera-fuera-dentro.

Los banderos, protagonistas en este tipo de acciones. Ante el rival replegado (en el perímetro del área de penalti) o después de someterlo, obligarlo a replegarse, el movimiento del balón a lo ancho para encontrar jugadores con ventaja espacio-temporal en la zona de finalización es determinante.

Rodin Quiñones, bandero izquierdo (es derecho), cierra el juego, ayuda a juntar por dentro a los rivales a través de sus conducciones y pases fuera-dentro. Esto contribuye a la generación de espacios por afuera y a que los de afuera reciban con ventaja.

Bocanegra, por afuera, con perfil natural, interviene (control, pases fuera-dentro) para estirar, abrir, a los rivales, lo que provoca espacios por adentro, hombres libres de oposición y ventajas para sus compañeros en la zona de finalización.

Los interiores (Valencia, Aldo, Nieto o cualquiera que esté por dentro), con sus intervenciones (controles, retenciones, conducciones y combinación o sumatoria de pases por adentro), juntan, cierran, a los rivales por adentro. Después sus cambios de orientación o pases dentro-fuera (ojalá en pocos toques para dar velocidad a la circulación y evitar que se acomoden los jugadores oponentes) ayudan a mover al rival y estirarlo-abrirlo-dispersarlo.

Balón dentro, cortas distancias de relación entre los rivales (están juntos, cerca). Balón fuera, las distancias de relación entre los rivales aumentan (se separan, se dispersan y aparecen los espacios). Perfecto movimiento de pinza, como se diría en la estrategia militar.

Recuperación inmediata a la pérdida en campo rival. Fueron innumerables, fundamentalmente en la primera mitad. Equipo junto (bloque), jugadores cercanos, buena distribución, reacción, disposición, voluntad, atención, esfuerzo..., son elementos esenciales para desarrollar esta tarea. La marcación estrecha/preventiva, necesaria, bien ejecutada.

El ciclo. Juego continuo. Iniciación + continuación + finalización (que no se consumó) + recuperación inmediata y, de nuevo, juego con balón.

Iniciación desde el portero Armani ante el *pressing* ofensivo del rival. Cuesta es el cebo de Pérez (el 10 del Bucaramanga), volante-lateral del Bucaramanga; lo atrae. Quiñones, por banda, desciende, y aparte de abrir saca al marcador-lateral derecho del Bucaramanga Lewis Ochoa...

Plasticidad, belleza e intencionalidad colectiva.

Notas: Lillo prefiere hablar de jugadores interviniendo y ejecutando tareas en determinados espacios y sectores del campo de juego más que de líneas de 4-3, sistemas, posiciones (volante de marca, volante creativo, defensor). El fútbol es un juego en el que hay que estar desempeñando un montón de actividades de manera continua y en diferentes espacios bajo determinadas circunstancias.

Acto 4. Rionegro-Nacional (Liga)

Lección de estar juntos y hacer cosas para lograr estar juntos o *llegar juntos*. Una de las premisas de la ley de juego que pregonan Lillo y Guardiola, por lo menos así lo demostró el gran Barcelona de Pep, es estar juntos. Aquí o allá, pero juntos, en bloque. No unos por aquí y otros por allá, bien lejos. No.

Pero para estar juntos, o *llegar juntos*, fundamentalmente con balón, algo que no es fácil, es necesario hacer deliberadamente una serie de movimientos que permiten eso. Ante Rionegro Águilas, Nacional mostró repetidamente el camino. Vamos a estudiar diversas acciones comenzando por la que terminó en el gol del triunfo. La jugada que termina en gol.

Disección: Cuando recuperan estaban juntos en propio campo. Cuando finalizan estaban juntos en tercio ofensivo. ¿Quiénes estaban juntos? Velasco, Henríquez, Nieto, Valencia, Aldo Ramírez y Bocanegra. Pero ¿cómo avanzaron 40 metros aproximadamente? ¿Cómo ganaron alturas?

¿Cómo sometieron al rival, lo empujaron hacia atrás y/o le obligaron a replegarse 40 metros?

A través de una eficaz circulación del balón. Dicha circulación demanda paciencia, técnica (pases, combinaciones, retenciones, conducciones) y táctica (ocupación de espacios). En total, 55 segundos se demoraron. Sumaron 12 pases. Circulación hacia adelante, hacia los lados, hacia atrás... La circulación no sólo implica pases, también conducciones y retenciones.

22' 59'': Recuperación del balón. Atrás, en propio campo, Velasco, Alexis, Nieto, Valencia, Aldo y Bocanegra.

23′ 55″ (24′ 18″): Gol. En campo rival, tercio ofensivo, Velasco, Alexis, Nieto, Bocanegra y Aldo.

Ahora sí, ¿cómo ganaron alturas? ¿Cómo lograron juntarse en campo rival (en tercio ofensivo)?

La circulación (pases, conducciones, retenciones), los desplazamientos, los movimientos y la ocupación de los espacios lo permitieron.

El pase de Valencia a Nieto y los tres toques (dos de control y uno de pase) de Nieto, más la conducción de Velasco le permitieron a Edwin Velasco ganar altura (y mucha) y plantarse en campo rival. El control, más la retención de Quiñones (cuatro toques al balón), le dio el tiempo a Valencia para que gane altura y se coloque en campo rival. La conducción hacia adelante de Velasco y su pase, también hacia adelante, a Quiñones, jala a campo adversario, les hace ganar altura, a Nieto y Aldo.

Lo que hacen Velasco y Quiñones (conducciones, pases, retenciones) por izquierda también le da tiempo a Bocanegra de situarse en campo rival por derecha. La conducción-retención de Aldo y el pase a Valencia más la colocación, bien abierto y bien alto (bien profundo) de Velasco (Quiñones se cerró), obligando a replegar al volante-lateral derecho de Águilas, le da tiempo a Alexis para pasar a zona enemiga. Con espacio por delante y sin oposición, Alexis conduce y gana una gran altura en el campo.

Reflexión: los de adentro (con pases-combinaciones, retenciones, conducciones) permiten que los de afuera asciendan, que lleguen. Los de afuera permiten que los de adentro lleguen. Así, todos están juntos y en campo contrario. No es más que aguantar, agotar los tiempos, esperar, tener paciencia, llegar todos a tiempo (unos primeros y otros después, pero finalmente todos). Algunos dicen, viajar juntos. Yo prefiero decir, llegar todos a tiempo.

Nieto, Edwin Velasco, Aldo, Valencia, aguantan, agotan los tiempos, esperan (a través de conducciones, retenciones, pases-combinaciones) para que los demás (fundamentalmente los de afuera) ganen alturas y todos se reacomoden espacialmente. Así, el equipo queda mejor distribuido y junto.

De nuevo Nieto, Bocanegra y Valencia agotan los tiempos, aguantan y permiten que sus compañeros ganen alturas y se acomoden mejor en el campo para asegurar la circulación y lanzar el ataque.

Agotan los tiempos. Por adentro, Nieto, Valencia y Aldo aguantan. Finalmente el equipo se instala con todos en campo rival. Bocanegra también lo hace por afuera. Así se ataca bien y se defiende mejor.

Orientar al rival hacia determinado sector y atacar su inclinación.

Nacional lleva a su rival hacia la derecha para despoblar su izquierda y después atacársela. Le hace pagar su basculación. El descenso de Dayro es clave. Jugar o aparecer a la espalda de los rivales. Valencia, el mediocentro, moviendo el balón del centro a la derecha y del centro a la izquierda también es clave.

La pared y la combinación rápida, a dos toques, como medio para romper emparejamientos y duelos del rival. Aguilar saca-lleva, a través de la gambeta y la conducción, el balón a campo enemigo. Nieto y Bocanegra rompen y progresan por medio de la pared.

Acto 5. Nacional-Tolima (Liga)

Sacarlos, dividirlos, dispersarlos, distanciarlos y ponerlos a dudar.

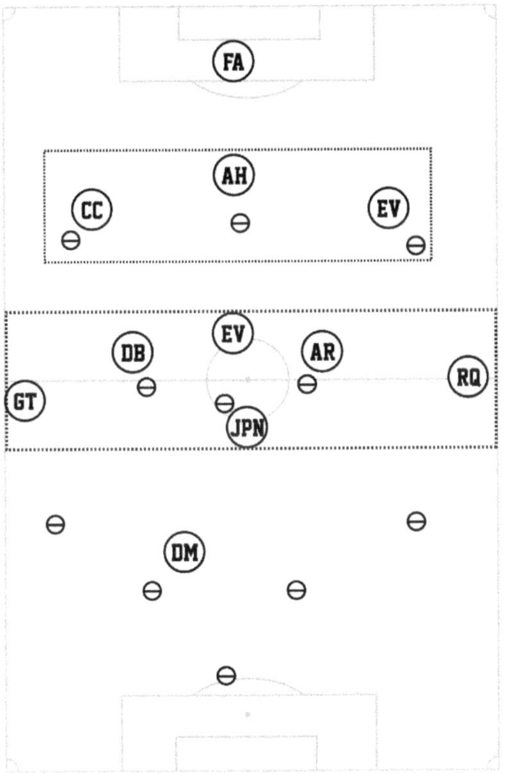

Carlos Cuesta y Edwin Velasco, los de afuera de los tres más retrasados de Nacional, bajos, no altos. ¿Misión? Atraer, invitar (que no se replieguen) a los extremos del rival. 3 vs. 3 desde atrás, mano a mano. Extremos bajos y bien abiertos (Rodin Quiñones y Gustavo Torres) para recibir por afuera. El descenso, o posicionamiento bajo de los de afuera, con la intención de invitar, atraer o sacar a los marcadores-laterales del Tolima. Por dentro, en el centro del campo 4 contra 3 (Edwin Valencia, Aldo Ramírez, Daniel Bocanegra y Juan Pablo Nieto versus Paz, Rivas y Rentería). Extremos bajos, a la altura del centro del campo, provocan 6 contra 3 si los marcadores-laterales del Tolima no salen y saltan por Quiñones y Torres.

Si deciden salir e ir a por ellos, es probable que los dos centrales del Tolima queden muy cerca de su portería 2 contra 2, mano a mano. Quedar mano a mano con Dayro Moreno es un suicidio por su velocidad física y mental, habilidad y calidad técnica; Dayro Moreno y Nieto (luego de girarse e ir) versus Torijano y Mosquera.

Así, la pretensión es invitar al rival, sacarlo de la cueva con la intención de que el espacio a la espalda de la defensa sea grande y ponerlos a dudar (si salir o quedarse) para dividirlos, separarlos. Si los tres más avanzados van en presión y la salida es por afuera con el descenso o posicionamiento bajo de los banderos y sus pares (marcadores-laterales) no salen, se quedan, se logrará separarlos, dividirlos, dispersarlos, en vertical. Esos espacios serán determinantes.

Error si los de afuera de los tres más retrasados se colocan muy altos y muy profundos puesto que sus pares (extremos) se replegarán y quedarán muy juntos a sus compañeros (a los marcadores-laterales). El espacio o los espacios por afuera serán muy pocos, estarán muy juntos. Además, Tolima es un equipo que intenta recuperar la pelota en campo contrario. Los tres más avanzados del Tolima saltan, buscan robar el balón en campo rival. Ante un equipo que salta a presionar, es saludable estar bajos (los iniciadores) para estirarlo y dispersarlo.

Presión constante y agresiva para inducir al error al equipo adversario. Sin balón, como se observa en el video, corren detrás del rival, presión con vehemencia y agresividad, se tiran al piso con decisión, insisten hasta recuperar la pelota. Esa es la tarea, esa es la disposición.

Valencia, a la espalda de los tres más avanzados del Tolima, fija y atrae a Paz (mediocentro). Velasco sujeta por afuera a Pérez (extremo derecho). Alexis Henríquez (va centro-izquierda) se sale de la línea del punta Ángelo Rodríguez, por eso el delantero no salta por él, y atrae (saca) a Rivas (interior derecho). Juan Pablo Nieto se sitúa a la espalda (flota) de Rivas con línea de pase para conectar con Alexis, cuyo pase interior, o filtración, es fantástica.

Pero ¿por qué Nieto no aprovechó el espacio? Recibe muy de espaldas (con todo el espacio que tenía alcanzaba, antes de controlar o cuando venía en camino el balón, a perfilarse para no recibir totalmente de espaldas al arco rival), su control es algo defectuoso y no se gira rápido para encarar y sacar provecho.

Acto 6. Huila-Nacional (Copa)

Provocando superioridades y ventajas desde la iniciación para continuar y finalizar en condiciones más óptimas. Todo con muchos juveniles. Observen en los videos cómo Edwin Valencia (el mediocentro), a la espalda de los dos jugadores más avanzados del Huila, se pone en la visual del doble de contención del equipo rival para llamar su atención, atraer, provocar superioridad numérica y ayudar a liberar a sus compañeros Aldo Ramírez y Rodin Quiñones, los interiores.

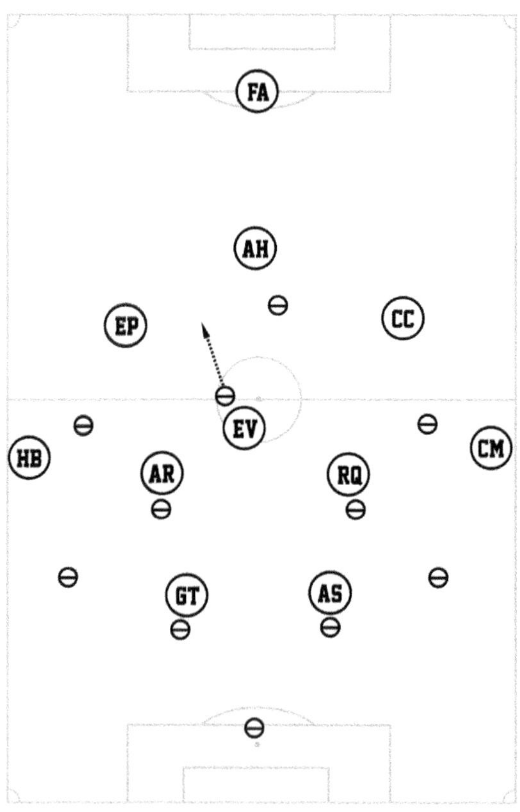

Alexis Henríquez, por afuera, conduce y atrae al volante-lateral derecho del Huila. Christian Mafla, el bandero izquierdo de Nacional, está bien abierto, a la espalda del volante-lateral derecho oponente, pero no tan alto, razón por la cual no sale a buscarlo su par, el marcador-lateral derecho del Huila. Mafla recibe (superioridad 2 contra 1) y conduce hacia adentro para atraer la atención del volante central derecho del rival, que se desentiende de su par Rodin Quiñones, el interior izquierdo de Nacional.

Quiñones juega a la espalda de su par y como está cerrado el marcador-lateral derecho del Huila duda en ir a marcarlo porque en cualquier momento le puede aparecer por afuera Mafla; prefiere no dejar su sitio. Quiñones, obviamente, recibe el balón de Mafla con ventaja y atrae al contención izquierdo del Huila, que es el par de Aldo Ramírez. Lógicamente Aldo Ramírez queda libre, sin oposición…

Superioridad numérica por adentro 3 contra 2 a favor de Nacional. Edwin Valencia, Rodin Quiñones y Aldo Ramírez (mediocentro e interiores) versus el doble de contención del Atlético Huila. Nacional hace valer la superioridad numérica en ese sector del campo para avanzar.

Edwin Valencia, mediocentro, cuando controla el balón, distrae y atrae al volante central izquierdo del Huila sacándole la oposición a su compañero Aldo Leao Ramírez, el interior derecho de Nacional. El par de Aldo Ramírez es el volante central izquierdo del Huila. Como consecuencia, Aldo Ramírez recibe el balón con ventaja y libre.

Edwin Valencia interviene (recibe el balón) y fija la atención del volante central izquierdo del Huila, que termina soltando (deja libre) a su par Aldo Ramírez. Una pena que en el control-giro se haya demorado un tiempo Edwin Valencia para pasar a Aldo.

> Nota: Dársela a un compañero para comprometerlo. Comprometerlo en el buen sentido. Logras dos cosas: le das confianza y lo comprometes con el trabajo colectivo. Por ejemplo, dársela a un compañero de los más retrasados para que la lleve hasta el centro del campo e incluso hasta el campo rival; si no la lleva, por lo menos que ayude a llevarla.

Acto 7. Junior-Nacional (Liga)

Superioridad numérica abrumadora en el centro del campo. 5 contra 3, 7 contra 3 y 4 contra 3.

Punto de partida

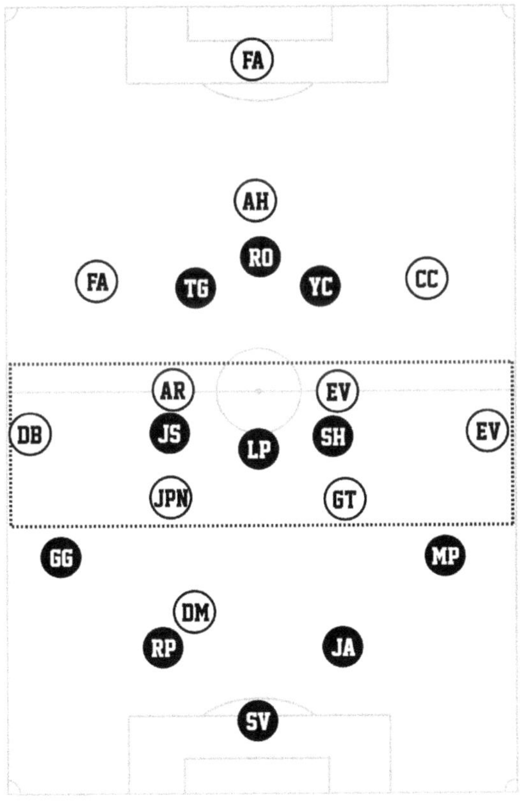

Por adentro (5 contra 3): Edwin Valencia, Aldo Ramírez, Gustavo Torres y Juan Pablo Nieto más el que asciende en conducción, por ejemplo, Carlos Cuesta, contra Sebastián Hernández, Pico y Sánchez. Así son varias las opciones para encontrar jugadores libres con ventaja espacio-temporal para intervenir y progresar. Torres y Nieto se colocan a la espalda de los tres del rival.

Por adentro (4 contra 3): Valencia, Aldo Ramírez, Torres y Nieto contra Sebastián Hernández, Pico y Sánchez. Ávila, el central libre (a Pérez lo fija Dayro Moreno), no se atreve a salir por Torres.

Por adentro y por afuera (7 contra 3): Valencia, Aldo Ramírez, Torres, Nieto más los dos de afuera (Velasco y Bocanegra) y el que asciende en conducción, por ejemplo, Cuesta, contra Sebastián Hernández, Pico y Sánchez. La altura de los dos de afuera (en el centro del campo, no profundos, no tan altos, intermedios) puede evitar la salida de los dos marcadores-laterales del rival; prefieren no salir porque son muchos los metros que han de recorrer para llegar y el hueco y el espacio que dejan a su espalda es significativo (dudan, temen hacer recorridos y salidas de posición defensiva tan largas).

En los dos videos siguientes se puede observar todas las cosas que generan estas ubicaciones, movimientos, ascensos en conducción, conductas intencionales favorables a Nacional y perjudiciales para su adversario.

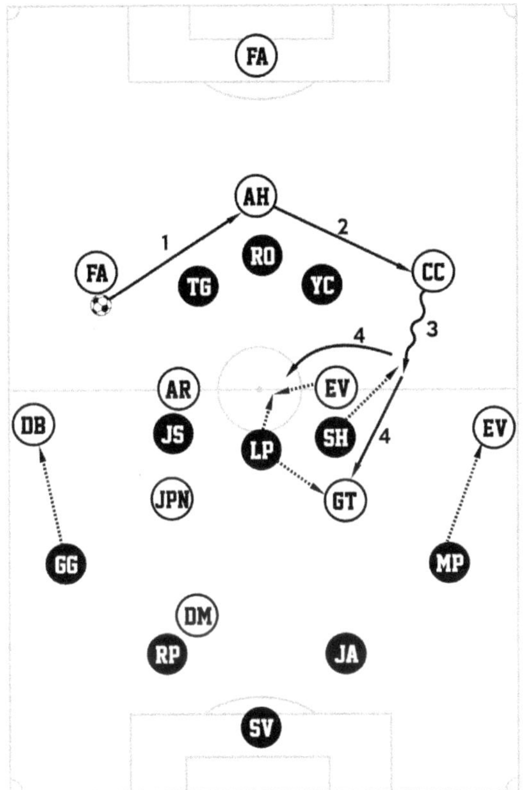

Evidentemente hay gran complicidad del rival, que sabe aprovechar Nacional. Sí que es cierto que el adversario facilita muchas cosas. ¿Por qué? Porque los tres jugadores más avanzados de Junior juegan sin balón muy cerrados, por adentro (son angostos). Además, no tienen gran espíritu solidario, poco ayudan a marcar. Entonces, la tarea de Carlos Cuesta y Felipe Aguilar, los de afuera de los tres más retrasados de Nacional, se ve facilitada porque muchas veces, cuando tienen el balón, no son marcados, perseguidos, incomodados y gozan de libertad para ascender al centro del campo en conducción y jugar-pa-

sar el balón a sus compañeros, incluso atrayendo y sacando de posición a adversarios. Es decir, su primer obstáculo es un centrocampista del rival, no un atacante, como debería ser si los más avanzados persiguen, marcan, bloquean, incomodan, naturalmente, abriéndose (son muy angostos).

En otras palabras, el primer obstáculo de Cuesta y Aguilar no es ni Teo, ni Chará, ni Ovalar. Para Cuesta, el que más sale en conducción, es Sebastián Hernández, un centrocampista, que al ser atraído sale de posición dejando un espacio significativo en el centro del campo y despoblando ese sector.

Retratado el 4 contra 3 por adentro y el 6 versus 3 en el centro del campo; superioridad numérica.

Marlon Piedrahita, lateral derecho de Junior, sale mucho para tomar a Rodin Quiñones, bandero izquierdo. Gustavo Torres y Juan Pablo Nieto flotan a la espalda de los tres volantes de Junior (Sebastián Hernández, Leonardo Pico y James Sánchez), y Edwin Valencia y Aldo Ramírez se sitúan de frente, o de cara, a ellos (4 vs. 3 por adentro). El central Jonathan Ávila sale para tomar a Gustavo Torres y deja un hueco tremendo, que Nacional ataca. Teófilo Gutiérrez (29) ve, camina, ni lo persigue a Valencia, muy vago.

Daniel Bocanegra, abierto, abre a James Sánchez. Jarlan Barrera, que reemplazó a Ovelar, primero se ubica para cerrar la línea de pase entre Felipe Aguilar (el que dispone del balón) y Aldo Ramírez (posible receptor cercano), y después no salta por Aguilar. Aguilar tiene un pasillo amplio para pasar. A la espalda de los tres medios de Junior Juan Pablo Nieto recibe la filtración de Aguilar. Nacional saca ventaja de la ubicación intencional de sus jugadores y de la escasa presión de los rivales.

Bocanegra (intermedio, ni tan alto ni tan bajo) atrae y saca demasiado a Germán Gutiérrez, lateral izquierdo de Junior, y pone a jugar mano a mano a uno de los dos puntas de Nacional, Andrés Rentería, con el central izquierdo de Junior, Rafael Pérez. A esta altura del partido Nacional tenía un jugador menos (debido a la expulsión de un efectivo), aunque continuaba con el control de juego, generando superioridades y poniendo a jugar a sus jugadores con ventaja como se puede apreciar en este clip.

Los tres más avanzados, mal colocados para la presión. Eso desajusta mucho a los tres de adentro, obliga a los del medio a hacer recorridos largos, salir mucho de posición. Lo táctico del Junior fue terrible. Igual, Nacional tuvo la virtud de interpretar las deficiencias tácticas de Junior y atacarlas.

Nota: Hay rivales que otorgan facilidades. Pero es muy importante para planificar ubicaciones, movimientos, relaciones, interacciones e intenciones, identificar los comportamientos y posicionamientos de los jugadores del rival. Entre más entiendas qué hacen, cómo lo hacen y dónde lo hacen los rivales, entenderás qué, dónde y cómo lo deben y pueden hacer mejor los tuyos. El estudio del rival es determinante para la planificación y toma de decisiones.

Acto 8. Nacional-La Equidad (Liga)

Pretensión, intencionalidad. Superioridad numérica y hombres libres por dentro a partir de los de iniciación.

Punto de partida: Equidad, con cuatro por afuera y seis por adentro más el portero. Con nombres, los de afuera: Cano y Valoyes, por derecha; Correa y Blanco, por izquierda. Los de adentro: Nájera y González, atrás. A una altura superior, en el centro del campo, Mahecha, Parra y Motta. Valencia, solo adelante.

En Nacional, Bocanegra sujeta a Blanco, Mafla a Valoyes, Torres a Correa y Quiñones a Cano. El objetivo es que los cuatro de afuera del rival no intervengan por dentro. Ahora, si se cierran y no hay relevo, los de afuera de Nacional serán los libres.

Por adentro primera superioridad numérica con los de iniciación, 2 contra 1: Cuesta y Henríquez sobre Valencia. Gorka Elustondo situado como punto de partida a una altura superior a la de Cuesta y Henríquez. Juan Pablo Nieto y Aldo Ramírez jugando a la espalda de Parra y Mahecha, respectivamente.

El posicionamiento de los jugadores de Nacional en función de la estructura o colocación colectiva de Equidad pretende intencionalmente provocar las siguientes situaciones ventajosas para los dirigidos por Lillo.

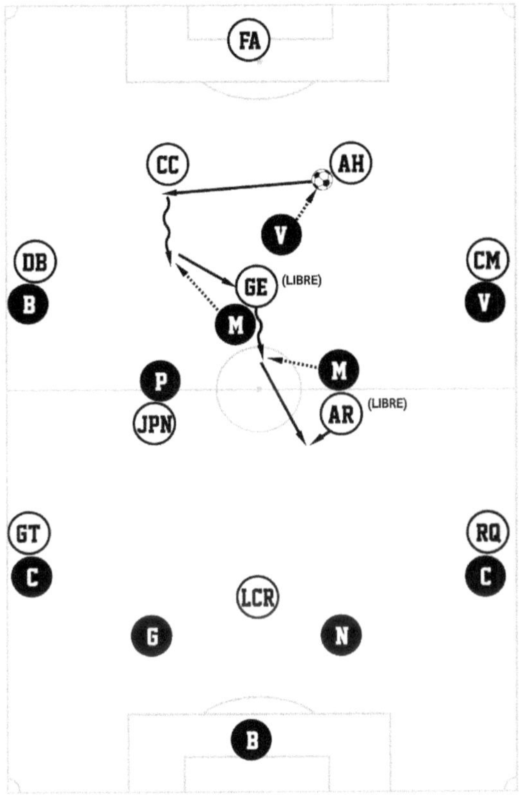

2 contra 1 de Alexis Henríquez y Carlos Cuesta sobre Valencia. Henríquez pasa a Cuesta. Conducción de Cuesta, Motta salta en presión y libera a Gorka Elustondo, el primer hombre libre.

El segundo hombre libre se produce unos metros más arriba en el momento en el que Mahecha o Parra saltan en presión por Elustondo y sueltan a Aldo Ramírez y/o Juan Pablo Nieto, respectivamente.

O, 2 vs. 1 de Henríquez y Cuesta sobre Valencia. Henríquez pasa a Cuesta. Cuesta asciende al centro del campo en conducción, fija y atrae a Parra, que salta y suelta a Juan Pablo Nieto, el hombre libre a espaldas del rival. Pase de Cuesta a Nieto. Si el central González sale, y lo debe hacer a tiempo, el punta (Ruiz) quedará mano a mano con el central del oponente que sobra. Y en esa zona, en la entrada del área, quedar mano a mano es muy peligroso.

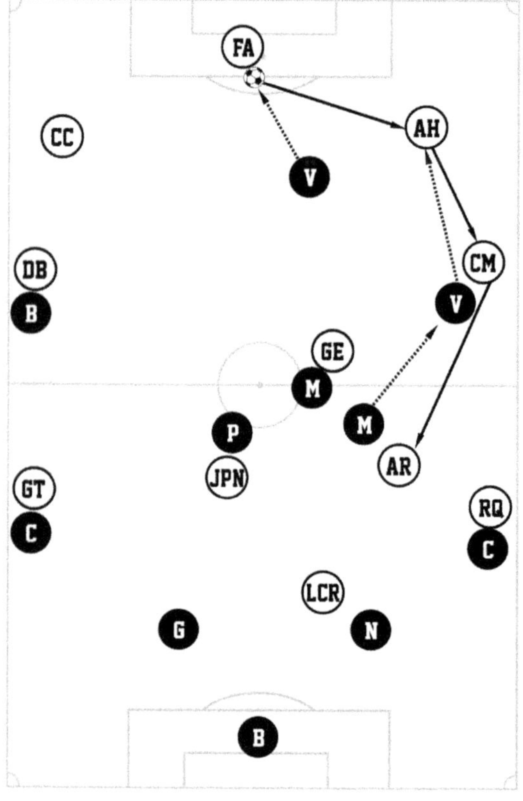

El portero Franco Armani fuera del área con balón, participando de la construcción del juego en la iniciación, permite a Alexis Henríquez y Carlos Cuesta estar más abiertos. Henríquez, entonces, atrae a Valoyes, que salta en presión libe-

rando a Cristian Mafla. Si Motta sale a presionar a Mafla, Gorka Elustondo será el hombre libre para jugar con comodidad espacio-temporal. Si Mahecha es quien sale a presionar a Mafla y suelta a Aldo Ramírez, éste será el hombre libre a espalda con ventaja espacio-temporal para inicialmente recibir y después jugar.

Acto 9. Jaguares-Nacional (Liga)

Vivir en campo contrario, someter al rival, durante 283 segundos no es sencillo. Quizá tampoco sea habitual. Necesitas ser muy dominante y superior al adversario para imponerse de tal forma. En este partido, ante Jaguares, en un escenario con una humedad y un calor espantosos, el Nacional de Lillo, primero, se instaló con todos sus soldados (excepto el portero, naturalmente) en la mitad ofensiva y, después, vivió durante mucho tiempo en campamento enemigo.

Pero ¿cómo se instaló en campo rival con todos sus efectivos? ¿Y qué hizo allí durante tanto tiempo?

La intervención de los jugadores de adentro (Macnelly Torres, Raúl Loaiza y Gorka Elustondo) les permitió a sus compañeros de afuera (Daniel Bocanegra) y a los más retrasados (Carlos Cuesta, Felipe Aguilar y Alexis Henríquez) reubicarse en el espacio y ganar altura para instalarse en campo rival.

Inicialmente Macnelly Torres controla, retiene, aguanta y le da tiempo a todos (Bocanegra, Elustondo, Loaiza, Cuesta, Aguilar, Henríquez) para que se reubiquen en el espacio y ganen altura. Y la continuidad (sumatoria de pases cortos) por adentro, de los de adentro (Macnelly Torres, Raúl Loaiza y Gorka Elustondo), más un apoyo con el de afuera (Bocanegra) les facilitó a todos seguir ganando altura hasta instalarse, con toda la tropa, de la mitad del campo hacia delante.

Ya instalados todos en la mitad ofensiva, fue cuestión de mover el balón a través de los continuos pases para someter al rival, buscar los caminos de progresión y acceso, presionar colectivamente de forma inmediata a la perdida con el propósito de recuperar la pelota lo más pronto posible evitando una contra del rival y procurando mantenerse cerca de la portería adversaria y lejos de la propia. El video retrata esta situación, que de volverse hábito, costumbre, puede garantizar o generar muchos momentos en beneficio del equipo que aplica y en perjuicio del oponente.

La fórmula RPR: Reacción + presión + recuperación tras perdida. Cuando pierdes el balón debes, en su orden, reaccionar, presionar y recuperar de inmediato. Este proceso no debería exceder los siete segundos. Para que esto se presente, previamente, con balón, debes generar una serie de circunstancias que te permitan, fundamentalmente, estar juntos en la zona de pérdida de la pelota.

Acto 10. Nacional-América (Liga)

Juego situacional (de situar o situarse) en estado puro. La acción que acompañó el primer gol de Atlético Nacional en el clásico ante América de Cali es juego situacional en su estado más puro. Genuino. La vamos a graficar, verbalizar y corroborar a través del video.

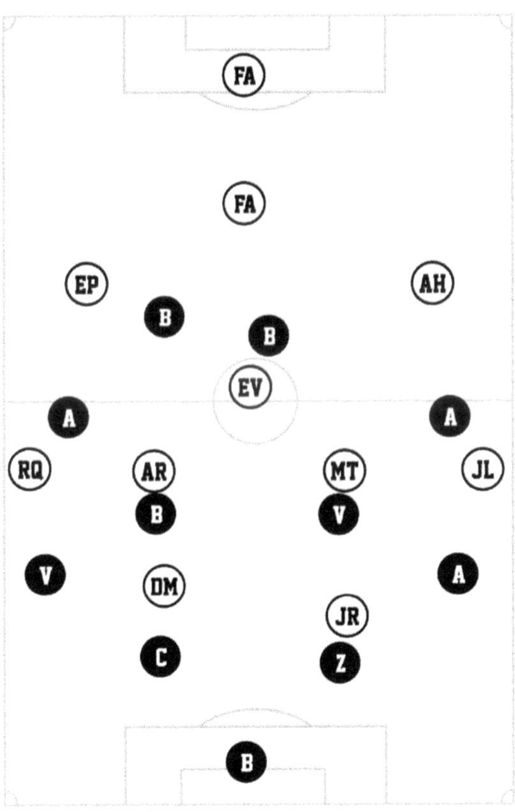

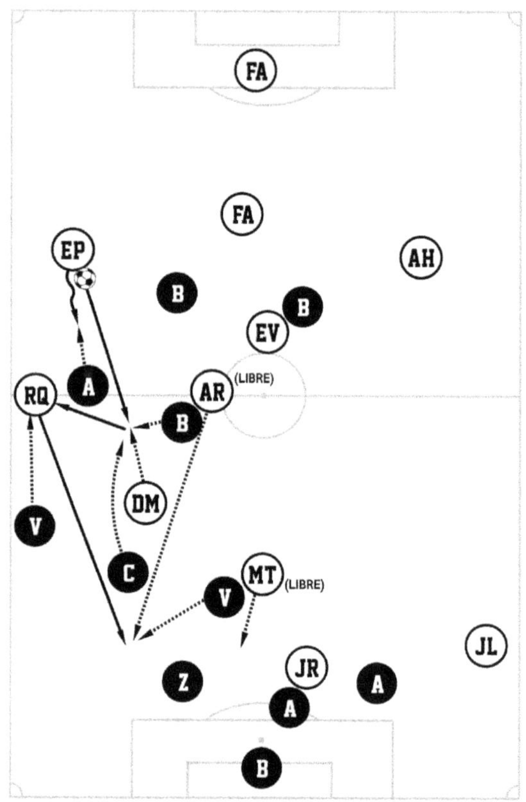

Para empezar, hablemos de las intervenciones con y sin balón de cada uno de los participantes en la jugada.

Ezequiel Palomeque recibe de Rodin Quiñones. Palomeque controla y atrae a Camilo Ayala. Antes de esta intervención de Palomeque, hay una secuencia de pases entre Felipe Aguilar, el propio Ezequiel Palomeque, Dayro Moreno y Rodin Quiñones. Dayro Moreno fija a Efraín Cortés. Dayro inicialmente flota y luego viene en dirección a Palomeque. Con este movimiento logra atraer y sacar de posición a Cortés, además de provocar un espacio a la espalda del defensor central del América. Espacio que después será aprovechado.

Entre Palomeque (portador-pasador) y Moreno (receptor), superioridad numérica 2 contra 1 a Camilo Ayala. La interacción Palomeque-Moreno provoca que Elkin Blanco se abra y suelte a Aldo Ramírez; Palomeque pasa a Moreno, Blanco es atraído por el balón, se abre, y Aldo queda sin oposición (hombre libre). Dayro Moreno, a un toque, pasa a Rodin Quiñones, que aparte de estar bien abierto, interviene sin oposición al colocarse intencionalmente en un lugar intermedio, es decir, entre dos adversarios (Iván Vélez y Camilo Ayala). En otras palabras, a la espalda de Ayala y retirado (es decir, bajo) de Vélez. Sin oposición cercana juega a un toque. Quiñones pasa al hombre libre, Aldo Ramírez, y al espacio previamente abandonado, por provocación, por el defensor central Efraín Cortes. Hasta aquí, cuatro rivales atraídos y sacados del espacio a defender. Espalda ganada.

Aldo Ramírez inicialmente clava (o fija) a Blanco. Esto le impidió una intervención a tiempo a Elkin Blanco. Y después se desmarca, ataca el espacio libre, fija a Jhonny Vásquez y lo atrae, lo arrastra. Vásquez debe soltar a Macnelly Torres, su par, para tomar y perseguir a Aldo Ramírez. Aquí el hombre libre pasa a ser Macnelly Torres.

De haber recibido Macnelly Torres, lo hubiera hecho con toda la ventaja espacio-temporal y entrando al área rival, donde causa mucho daño. Pasa que Aldo Ramírez decidió ir por otro camino. Igual, toda esta maniobra terminó en gol. Pero antes del remate final varios soldados del rival fueron eliminados, o mejor, quedaron en el camino.

Un secreto: el bandero (le llamo así al jugador de banda o que juega por fuera), en este caso Rodin Quiñones, debe intencionalmente situarse, para recibir al pie, a una altura baja o intermedia. Mejor dicho, debe situarse a la espalda, separado-lejos, del volante-lateral rival y por delante, también distanciado, del marcador-lateral rival. Guardar una buena distancia (estar distante, lejos, no cerca) respecto a los rivales mencionados evita la intervención de estos cuando le llegue el balón. Al volante-lateral le será más difícil llegar después de girarse y el marcador-lateral dudará entre salir o quedarse por el espacio que quedará a su espalda.

Entre más lejos estés del adversario más difícil le será a este intervenir y dispondrás de tiempo y espacio para jugar (controlar, pasar, conducir). Hay marcadores-laterales a los que les cuesta salir. Y hay jugadores de dentro a los que les cuesta abrirse. Les cuesta porque son pesados, lentos, perezosos, miedosos... Y el avanzado, en este caso Dayro Moreno, deberá flotar entre el defensor y el centrocampista rival. Es decir, ha de situarse a la espalda del centrocampista, distante, para evitar su intervención cuando este se gire, y por delante del defensor central, también distante, para hacerlo dudar y provocar indecisión entre quedarse y/o salir.

Situarse, para jugar (fijar, recibir y pasar), a determinadas distancias de los oponentes más cercanos provoca algunos movimientos, de los rivales, que pueden resultar muy beneficiosos.

¿Cómo aumento, faltando 20 minutos para el final, la ventaja mínima (1-0) con un jugador menos por expulsión? El sentido común indica que es mejor conservar la ventaja antes que aumentarla. Y, segundo, asegurarse atrás, sacando atacantes para meter defensores renunciando al balón por defender el espacio cercano a la propia puerta. Esas dos cosas indican el sentido común, o mejor, el sentir colectivo.

Ante América de Cali, tras la expulsión de Ezequiel Palomeque, ni Lillo cambió atacantes por defensores ni los jugadores renunciaron a disponer del balón y montar el autobús al frente de la portería de Armani. Lillo no tocó al equipo, no hizo cambios. Los jugadores agarraron la pelota y la trabajaron-cuidaron mejor. Así, con el balón, pasándoselo, en continuidad, controlaron el juego, aumentaron la ventaja (2-0) y mataron el partido. Lección-demostración de agallas y valentía.

Acto 11. Nacional-Alianza Petrolera (Liga)

Jugar por afuera y a la espalda: movimiento en pinza. En este partido tres situaciones permitieron que los de afuera (Bocanegra y Mafla) quedarán libres, pudieran jugar con ventaja y provocarán situaciones favorables.

Primera situación: desentendimiento, despiste de los jugadores de fuera de Alianza Petrolera, Roger Torres y Estefano Arango. Quedaban colgados y dejaban ir, no perseguían, a Bocanegra y Mafla. Desatención, anarquía y pereza táctica.

Segunda situación: equivocación o error táctico de los jugadores de fuera de Alianza Petrolera, Roger Torres y Estefano Arango, fundamentalmente el segundo. Arango, equivocadamente, salta en presión por Alexis Henríquez, dejando libre a Mafla. Incorrecta lectura táctica de Arango que debe vigilar y presionar a su par, Mafla. Esfuerzo innecesario el de Arango. En definitiva, una decisión de este tipo delata la carencia de cultura táctica del jugador.

La cultura táctica se puede evaluar a través del esfuerzo táctico y la educación táctica. En las dos situaciones anteriormente descritas quedan manifiestos estos dos elementos: la falta de esfuerzo táctico en algunos momentos y la falta de educación táctica en otros. Hay situaciones en las que el esfuerzo táctico es innecesario, o de poco sirve, debido a una decisión táctica incorrecta (educación). Por ejemplo, cuando Estefano Arango salta en presión por Alexis Henríquez. Evidentemente hay un

esfuerzo táctico por parte de Arango, pero de poco sirve porque su par no es Henríquez, su par es Mafla, que se le escapa y seguro provocará peligro y desajustes en la mitad defensiva de Alianza Petrolera. Por Henríquez no debe saltar en presión Arango, debe ir otro; Arango debe vigilar y perseguir, si es necesario, a Mafla. Cuestión de disciplina, inteligencia colectiva, trabajo en equipo (cada quien tiene unas responsabilidades y obligaciones).

Tercera situación: provocación intencional. Esta es la mejor de todas puesto que el adversario (o los adversarios) asume determinado comportamiento, poco beneficioso, producido por los contextos planteados deliberadamente por Nacional.

En la práctica, la superioridad numérica de Nacional por adentro en el centro del campo, cuatro contra dos, con uno de los cuatro a espaldas (Lucumí) de los dos volantes de contención, obliga a los jugadores de fuera de Alianza Petrolera, Roger Torres y Estefano Arango, a cerrarse para compensar y dar apoyos a Flores y Ríos. El ajuste hacia dentro de Torres y/o Arango permite a Bocanegra y/o Mafla quedar sin oposición (hombre libre) para dar continuidad al juego e intervenir con ventaja espacio-temporal. Importante resaltar la capacidad de Luis Carlos Ruiz para fijar a dos oponentes; según la circunstancia y el beneficio, abierto a Flores, el marcador-lateral, y cerrado a Valencia, el central.

Ahora, si los dos de fuera de Alianza Petrolera, Roger Torres y/o Estefano Arango se sujetan por afuera, es decir, no se cierran para compensar por adentro, la superioridad numérica por dentro de Nacional es abrumadora: 4 contra 2 e incluso 5 contra 2 por el descenso a espaldas de los dos contenciones del rival de uno de los dos más avanzados (Dayro Moreno o Luis Carlos Ruiz).

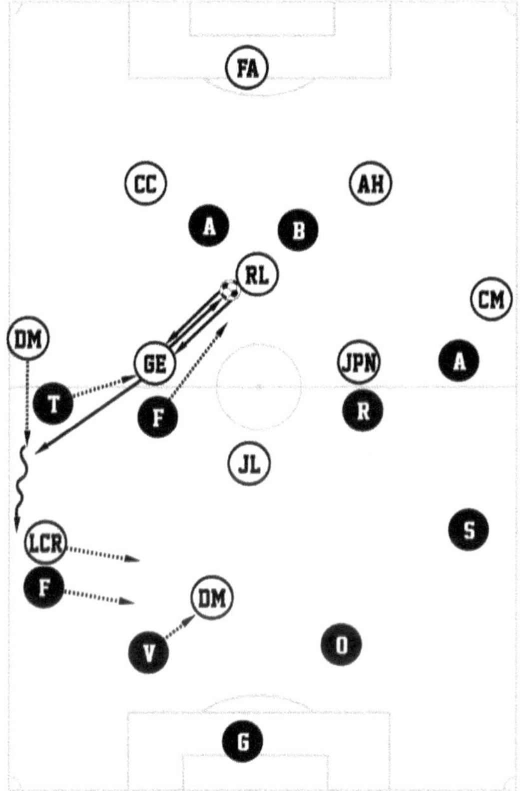

Intercambio de pases entre Raúl Loaiza y Gorka Elustondo para cerrar, aún más, a Flores. Cuando Flores es atraído por Loaiza, es decir, se cierra aún más, la distancia entre éste y Torres será mayor, razón por la cual el de fuera (Torres) deberá cerrarse para mantener corta distancia con su compañero e intervenir sobre Elustondo. Cuando esto acontece, Bocanegra se convierte en hombre libre por afuera y puede dar continuidad al juego con ventaja espacio-temporal. Si Torres no se cierra, Elustondo juega libre, con ventaja, por dentro. El intercambio de pases entre Loaiza y Elustondo tiene una intencionalidad, no se la pasan por pasársela.

Entendiendo la superioridad numérica por dentro de Nacional para el segundo tiempo, el técnico de Alianza Petrolera, Jorge Luis Bernal, suma un jugador. Ya no son dos, ahora son tres (Palacios, Ríos y Flores). Igual, sigue Nacional con superioridad numérica: 4 contra 3, incluso 5 contra 3 por el descenso a espaldas de los tres contenciones del rival de uno de los dos más avanzados (Yair Rentería o Luis Carlos Ruiz).

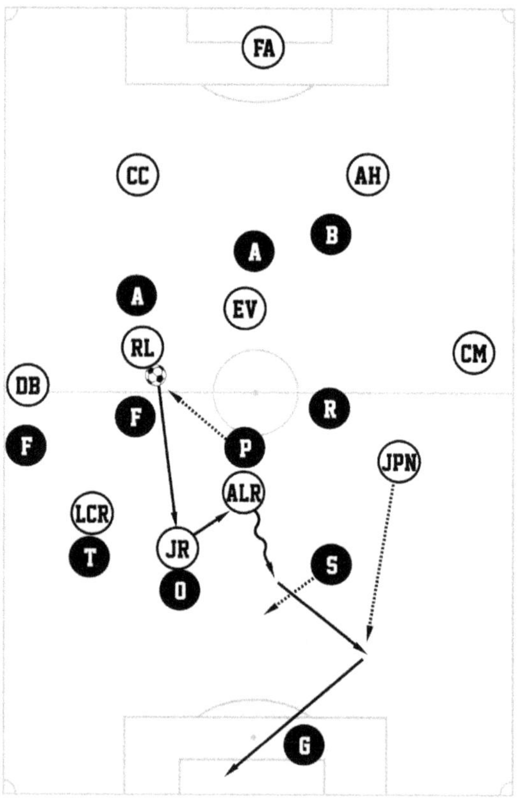

En el cuarto gol, convertido por Juan Pablo Nieto, los dos de afuera (Balanta y Arango) más el punta (Arias) de Alianza Petrolera quedan colgados. Flores, el marcador-lateral izquierdo, sale por Daniel Bocanegra. Luis Carlos Ruiz clava a Tavima, uno de los centrales, y Yair Rentería clava a Ospina, el otro defensor central. Filtración, entre Flores y Palacios, de Loaiza a Yair Rentería, que da continuidad de espaldas jugando a un toque a Aldo Leao Ramírez, que también juega a la espalda de los tres de dentro del rival, especialmente de Palacios. Aldo Leao recibe con tiempo y espacio, es decir, con ventaja, conduce, atrae-cierra a Stringel, marcador-lateral derecho, y libera a Juan Pablo Nieto, que finalmente recibe y finaliza, también con ventaja, con un seco remate a puerta. Golazo.

Acto 12. Medellín-Nacional (Liga)

Pretensión: Superioridades numéricas por adentro a diferentes alturas para tener continuidad con ventaja. El punto de partida de Nacional ante Medellín busca, intencionalmente, triple superioridad numérica por adentro y a diferentes alturas.

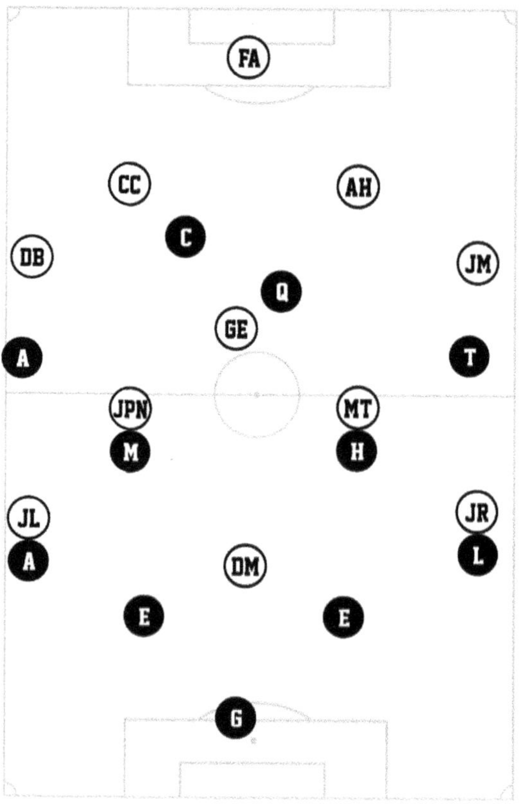

Primera superioridad numérica, 3 contra 2: Armani, Cuesta y Henríquez versus Caicedo y Quintero. En tercio defensivo, muy cerca a la portería de Armani.

Segunda superioridad numérica, 3 contra 2: Elustondo, situado-ubicado entre Cuesta y Henríquez versus Caicedo y Quintero. En propio campo o mitad defensiva.

Tercera superioridad numérica, 3 contra 2: Elustondo, Nieto y Macnelly Torres versus Moreno y Hernández. De la mitad del campo hacia delante.

Por afuera, emparejamientos: Bocanegra fija a Arias, Mosquera a Toloza, Lucumí clava a Álvarez y Rentería hace lo propio con Lopera. Dayro Moreno fija dos oponentes, Erramuspe y Echeverría.

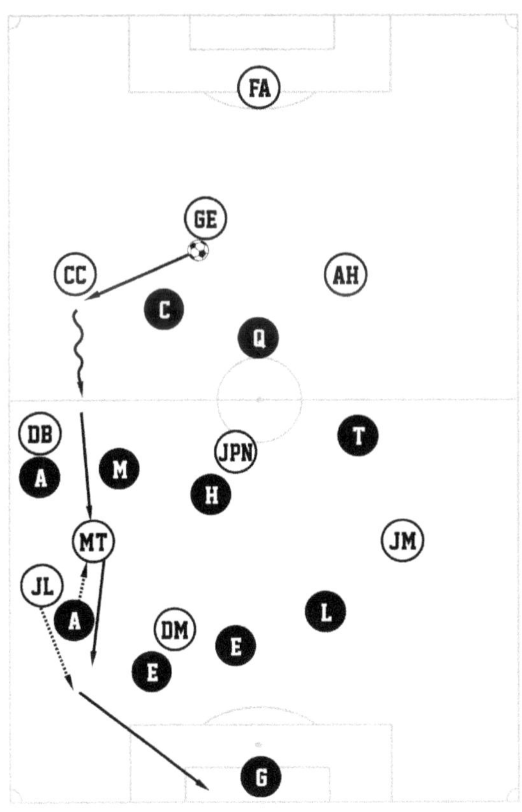

Bocanegra fija y sujeta por afuera a Arias. Lucumí, también por afuera, pero a una altura superior, clava a Álvarez. El 3 contra 2 de Cuesta, Elustondo y Henríquez versus Caicedo y Quintero se hace valer, se impone; salida por fuera con Cuesta. Éste conduce, asciende. Macnelly Torres se ubica, se sitúa, a la espalda de Didier Moreno para recibir y jugar con comodidad espacio-temporal. Flotar, situarse a la espalda de los adversarios, es una de las claves de este juego. Eso hace a la perfección Macnelly Torres.

Didier Moreno no salta en presión por Cuesta ni persigue a Torres. Prefiere guardar posición a riesgo de dejar al pasador (Cuesta) y al receptor (Torres) sin obstáculo y con libertad. Eso sí, la conducción de Cuesta atrae la atención visual-mental de Didier Moreno. Torres, libre de oposición, recibe el pase de Cuesta, controla, se gira, atrae a Álvarez, que suelta a Lucumí, y se la pasa al espacio al ahora hombre libre (Lucumí), que se desmarca y finaliza con un tiro a puerta.

La ubicación de Macnelly Torres es maravillosa y permite todo porque al flotar se sitúa a la espalda y alejado de su par, Didier Moreno, que no puede intervenir cuando Torres recibe el balón (no le alcanza el tiempo a Moreno para girarse y llegar) y le da una muy buena línea de pase a Cuesta, el pasador. Es decir, la ubicación de Torres impide la pronta intervención de los rivales sobre él y facilita continuidad (pase) a su compañero. Su oportuna/correcta ubicación en el espacio genera cosas a favor de sí mismo y sus compañeros y en contra de los rivales.

Otro detalle sobre Mancelly Torres. Cierto es que Mac, como es conocido por sus compañeros, es un gran pasador por naturaleza. Pero, de igual manera, pasa el balón bien y con ventaja a sus compañeros, es decir conquista un espacio (en esta actividad conquistar espacios debería ser un objetivo tan importante como marcar goles), porque previamente se ha ubicado bien en el espacio para recibir con comodidad.

No es más que inteligencia táctica *ubicacional*; saber ubicarse, saber situarse en el espacio, y saber acomodar (postura) el cuerpo (de frente, de espaldas, de perfil) en ese espacio con relación al balón, los rivales, los compañeros y naturalmente las porterías.

Cuando Elustondo recibe el balón de Rentería (64':14") fija y atrae la atención de Hernández. Elustondo en el primer toque al balón, el control, atrae a Hernández, y en el segundo toque pasa a Macnelly Torres. La intervención de Torres atrae (cierra) a Córdoba, volante-lateral izquierdo del Medellín. Torres le devuelve el balón a Elustondo al primer toque para evitar la entrada de Córdoba, que viene por él. Córdoba, atraído y cerrado, naturalmente deja libre, o suelta, a su par por afuera, Bocanegra. Por afuera aparecen libres Bocanegra y a una altura superior Lucumí.

Finalmente, Elustondo elige magistralmente: pasa, a un toque, al libre más alejado, Lucumí. Bocanegra es el libre más cercano. Gran decisión. Todo termina con una entrada y centro de Lucumí. Aunque esta jugada no terminó en gol, vale la pena señalarla puesto que se cumplieron varios requisitos del juego de ubicación *made in* Lillo.

Nota final: Flotar, situarse y jugar a la espalda de los rivales.

Ubicarse, situarse, en determinado lugar con una correcta postura corporal para intervenir si eres requerido es clave en este juego.

Ubicarse a espalda del rival, es decir, flotar a espalda, y situarse otorgando al compañero línea de pase, se puede conseguir al mismo tiempo como explicamos de Macnelly Torres anteriormente. Esa inteligencia ubicacional permite estar lejos, a distancia, de los oponentes para dificultarles su intervención cuando recibas el balón y otorga a los compañeros líneas de pase para que conecten (a través de un pase) contigo y haya continuidad. Entonces, lo trascendental pasa por los sitios, los lugares del campo en los cuales intervienen los jugadores con y sin balón y lo que sus intervenciones provocan en compañeros y rivales; dónde te ubicas, en qué lugar te ubicas o a qué lugar llegas, en qué espacio, es lo realmente potente de este juego.

Artículo del autor publicado en www.winsports.co el 10 de diciembre de 2017.

City de Pep y Nacional de Lillo, análogos

Este fin de semana asistimos a un juego de alto calibre: el City de Pep versus el United de Mou. Resultó un partido de un nivel táctico elevado. Al final, el City se pasó con el United; qué baile, qué Saoko le metió el de Guardiola al de Mourinho.

Pero observando este juego encontré, o vi, varias semejanzas tácticas entre el Manchester City de Pep y el Atlético Nacional de Lillo. En otras palabras, encontré conceptos de juego comunes y análogos entre ambos equipos orientados por dos entrenadores altamente afines. Es más, son tan semejantes que, pese a todo el dominio que manifiestan, el más mínimo error se los cobran sus rivales.

El hacer más análogo: sitiar al rival. No es más que cercar al equipo oponente cerrando todas sus salidas para apresarlo o rendir su voluntad. El concepto.

En la práctica, en el juego... Una de sus máximas es rodear y sitiar al rival en el perímetro de su área. En otras palabras, empujarlo hacia atrás, recostarlo, arrinconarlo. Pero ¿cómo se logra? A través de una importante-considerable secuencia-continuidad de pases que permiten a su tropa progresar y situar a sus efectivos juntos en ese sector (el perímetro del área rival o tercio ofensivo). En este punto, si no pueden, por cualquier circunstancia, terminar la jugada con un remate a puerta desde la zona de finalización, que es el supra objetivo (hacer gol), y el rival toma o recupera el balón, entonces, aplicar, después de haber sitiado y rodeado al rival en su perímetro, la formula RPRi (reacción+presión+recuperación inmediata), eliminando así las susodichas transiciones defensa-ataque del rival.

En eso, el City de Pep y el Nacional de Lillo son una fotocopia, son igualitos. Y esa es la esencia de su idea de juego, de su fútbol (el de Lillo y el de Pep). Una pena que ya estas cosas no se puedan seguir viendo en Nacional debido a la salida de Lillo. Qué pesar.

A continuación podemos apreciar en videos lo anteriormente descrito.

Ante el Bournemouth, en la Premier League, el City también aplicó la dosis. Ver video a continuación.

Acto 13. Nacional-Patriotas (Copa)

El engañoso hombre a hombre. "Alexis Henríquez es el 10 de Nacional, con un solo pase que le salga, Nacional encuentra el camino. Por eso Omar Vásquez se le puso al lado". Y sí. Así fue. Omar Vásquez, jugador ofensivo de Patriotas, ató a Alexis Henríquez. También fue cierto que Henríquez poco intervino con balón. No tuvo el protagonismo habitual con el cuero. Vásquez eliminó a Henríquez con ese hombre a hombre con persecución (se le pegó como estampilla).

Sin embargo, aunque suene contradictorio, Alexis Henríquez terminó sometiendo a Vásquez. O mejor dicho, Vásquez terminó auto-eliminándose. Créanlo que es cierto. ¿Por qué? Porque al estar (Vásquez) amarrado, pegado, a Henríquez, no pudo replegarse o retroceder para ocupar el espacio por afuera, por izquierda, en el centro del campo.

Superioridad 5 vs. 3 por dentro: Así las cosas, Carlos Cuesta se emparejó con Gómez y Felipe Aguilar con Mosquera. Un arriesgado 3 para 3 (Henríquez, Aguilar y Cuesta versus Vásquez, Mosquera y Gómez). Mano a mano. En otra altura del campo, Jeison Lucumí oportunamente se cerraba para provocar por dentro una superioridad numérica 5 contra 3 (Lucumí, Aldo Ramírez, Raul Loaiza, Macnelly Torres y Juan Pablo Nieto versus Larry Vásquez, Parra y Robayo).

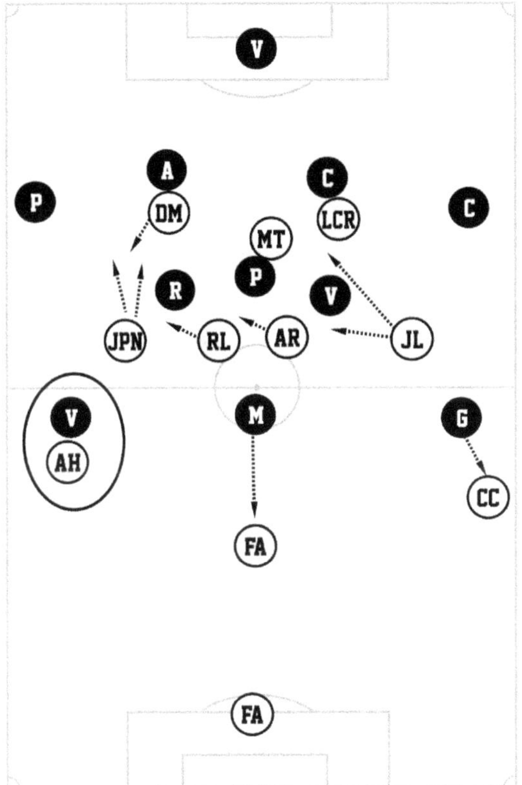

En este punto, la ubicación, entendida como situarse o instalarse en determinado espacio o lugar, de Juan Pablo Nieto era clave y determinante para explotar el espacio por afuera, por izquierda, no cubierto por el adversario.

La ubicación de Nieto: Ni tan abierto (pegado a la raya), ni tan alto. Pero sí oportunamente separado; separarse en el momento justo para atacar el espacio por afuera al que no llegaba ni Omar Vásquez (estaba atado por Henríquez, aunque él pensara que estaba atando a Henríquez), ni Pretel, al que le era difícil salir. Lo pensaba dos veces, por la considerable distan-

cia que lo separaba de Nieto. Si Pretel decidía salir corría riesgos: uno, de llegar tarde y, dos, de dejar mano a mano a Dayro Moreno con Arboleda en la entrada del área. ¡Qué peligro!

Cerrarlos/juntarlos por dentro: ¿Cómo logras cerrar, juntar, aún más por adentro, a los jugadores del adversario con el objetivo de provocar espacios por afuera y escapar con ventaja?

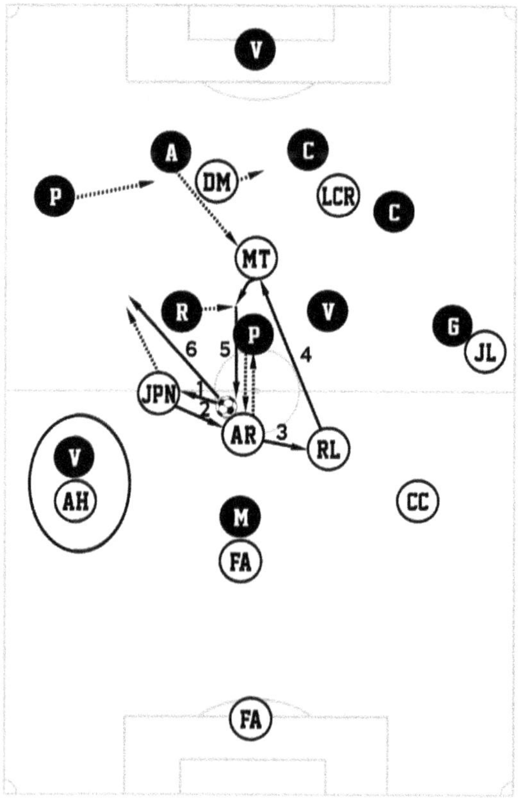

A través de pases y retenciones. Así se desarrolló la jugada que terminó en el penalti que le dio la ventaja a Nacional en el partido. Lucumí sujeta por afuera a Gómez. Por adentro, superioridad numérica 4 contra 3 de Nacional: Loaiza, Aldo y Nieto emparejados con Vásquez, Parra y Robayo, respectivamente, más Macnelly Torres a espaldas de los rivales.

Continuidad de pases de los de adentro más una retención. Aldo pasa a Nieto, Nieto a Aldo, Aldo a Loaiza, Loaiza a Macnelly, Macnelly retiene y después pasa a Aldo y, finalmente, Aldo extiende a Nieto. Todo esto, cinco pases más una retención, juntó a los tres jugadores de adentro de Patriotas (Larry Vásquez, Parra y Robayo). Además, Arboleda saltó por Macnelly, que estaba ubicado a la espalda de los tres anteriormente mencionados, obligando a Pretel a cerrarse, como se puede ver en el gráfico. ¿El producido? Nieto se separó, se escapó por afuera y atacó el espacio deshabitado (derecha de Patriotas, izquierda de Nacional). Todo terminó en penalti y gol de Nacional.

Acto 14. Envigado-Nacional (Liga)

Pretensión: Estudiando previamente las conductas sin balón de los volantes-laterales de Envigado, López y Vergara, la intención era fijar y atraer a Vergara para permitirle al bandero izquierdo, intermedio-abierto, jugar (recibir, conducir, pasar) a la espalda del volante-lateral de Envigado, libre y con ventaja.

¿Por qué a Vergara y no a López? Porque el primero es más propenso a saltar para ir a presionar al rival con balón, mientras que el segundo es más de permanecer atrás, no abandonar el espacio para ir en presión, no separarse mucho de sus compañeros. Es decir, Vergara es más profundo y López más bajo (no hablo de estatura, hablo de ubicación en el campo de juego).

Así las cosas, la pretensión es que las intervenciones con balón de Alexis Henríquez (conducciones) fijen-atraigan a Vergara y permitan al jugador de afuera (Lucumí o Torres), situado como punto de partida en una altura intermedia, intervenir (controlar, conducir, pasar) con ventaja espacio-temporal si el marcador-lateral de Envigado, Lemus, no se atreve a salir-saltar (tendría que hacerlo mucho) y prefiere quedarse.

Si Lemus salta, sus compañeros, los centrales Quiñones y Fula, quedarán mano a mano (dos para dos) con Dayro Moreno y Macnelly Torres. Si Lemus no salta, el bandero (Lucumí o Torres) jugará (recibir, conducir y/o pasar) con comodidad espacio-temporal.

Esta ubicación-distribución de Nacional en función de la distribución del rival, Envigado, produce varias situaciones ventajosas en el momento con balón para Nacional. Superioridad numérica 3 contra 2 en iniciación (Cuesta, Aguilar y Henríquez versus Cox y Jiménez). Superioridad numérica 4 contra 2 en el centro del campo por adentro (Elustondo, Nieto, Ramírez y Macnelly versus Rojas y Rengifo). Banderos (Gustavo Torres y Lucumí) intermedios (flotando) para ser "hombre libre" y jugar con ventaja espacio-temporal o atraer-sacar rivales de la cueva para beneficiar a sus compañeros más avanzados liberando espacios y quitándoles eventuales marcadores. Mano a mano, dos para dos, de los más avanzados (Moreno y Macnelly versus Quiñones y Fula). Qué peligro estar mano a mano en las inmediaciones del área.

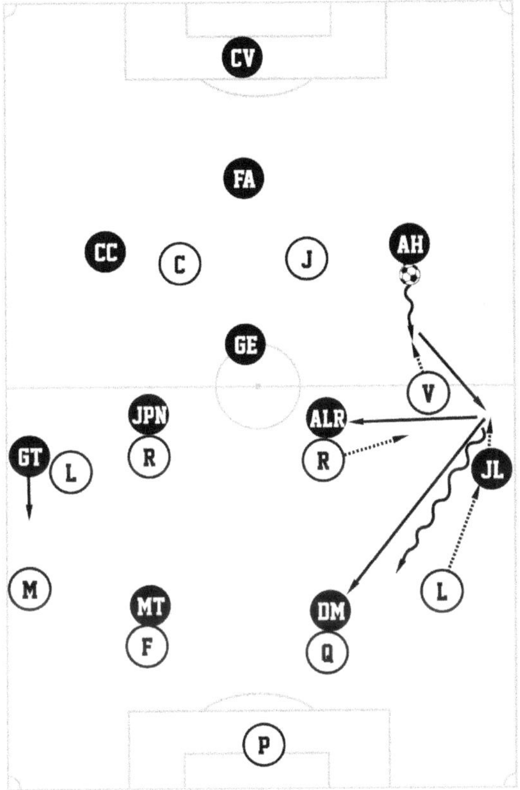

La conducción de Henríquez fija y atrae a Vergara. Lucumí, de recibir, lo haría con ventaja espacio-temporal si Lemus decide no salir-saltar, y en la continuación puede conducir verticalmente para progresar, pasar al más avanzado (Dayro Moreno), para que éste se juegue el uno contra uno, y/o pasar a Aldo Ramírez, que puede quedar como hombre libre si Rengifo se abre y va por Lucumí. Será cuestión de tomar la mejor decisión en función de las demandas que el contexto y la circunstancia exija.

Nota: Toma correcta de decisiones atendiendo al contexto. En el fútbol cada situación que se presenta se ha de resolver de determinada manera. Entonces, en función de la situación o circunstancia de cada momento, de cada jugada, el futbolista deberá decidir si pasa o no, si dribla o no, si retiene o no, si conduce o no y en qué sentido, si patea o no, si se mueve o no y hacia dónde; si juega el balón a uno-dos-tres-cuatro o más contactos... Todas estas son decisiones que deben tomar permanentemente los jugadores atendiendo al contexto, es decir, compañeros, rivales, necesidades/obligaciones, tiempo, espacio...

Acto 15. Once Caldas-Nacional (Liga)

Supra superioridad numérica en el centro del campo. Premisa: Superioridad numérica en tercio defensivo y tercio medio para llegar con comodidades espacio-temporales a tercio ofensivo. En otras palabras, atraer, sacar de posición defensiva a los oponentes, ir eliminando adversarios, generar espacios de atrás hacia adelante y llegar con ventaja espacio-temporal a las zonas determinantes y de finalización.

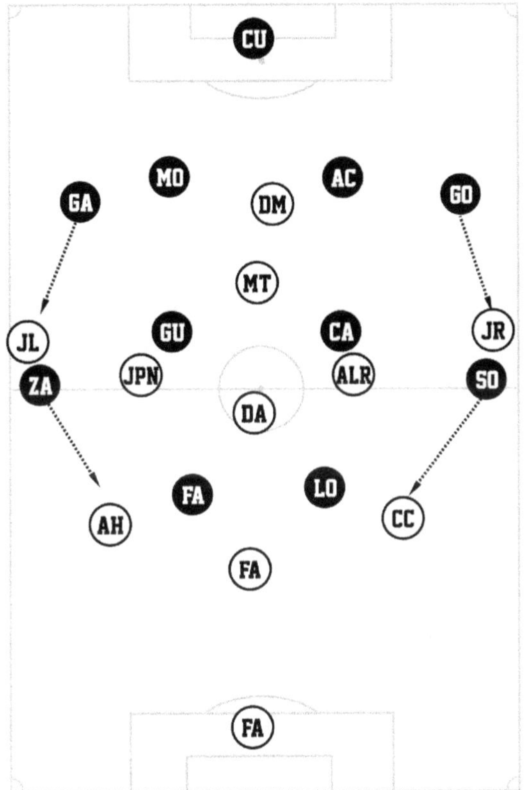

Superioridad numérica, 3 para 2, en iniciación. Banderos intermedios, para jugar (recibir, pasar, conducir) con libertad, lejos del marcador-lateral rival y a la espalda del centrocampista de fuera del oponente. Superioridad numérica inicial, 6 para 4, en el centro del campo.

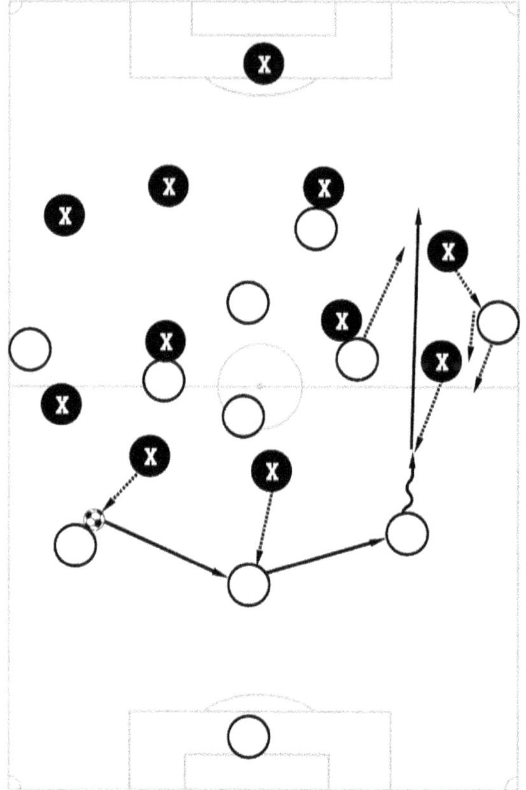

En iniciación, hacer valer el 3 contra 2, con salida preferiblemente por afuera. Superados los dos más avanzados del rival y con salida por afuera, atraer a los centrocampistas de fuera del equipo oponente.

Atraído el centrocampista de afuera (salta hacia adentro por el jugador con balón), se produce un 6 contra 3 en el centro del campo, una supra superioridad numérica que permite tener continuidad a lo ancho o verticalizar buscando rápidamente la portería rival. Las condiciones encontradas serán las

que avisarán-informarán qué hacer, si tener continuidad a lo ancho o ser directo/vertical.

Acto 16. Nacional-Patriotas (Copa)

Show de táctica y contra-táctica.

Artículo del autor publicado el 14 de noviembre en el sitio www.deportesrcn.com.

Táctica y estrategia. Alexis Henríquez, el señuelo de Lillo

En 1940, durante la Segunda Guerra Mundial, los alemanes fingen que van a atacar Francia a través de la neutral Bélgica. El primer paso: invadir y someter a Holanda. Lo logran. Las fuerzas aliadas movilizan sus mejores divisiones para detener el avance alemán por tierras belgas.

Los alemanes no bombardean las columnas francesas, las dejan internarse en territorio belga y después las atacan con toda su potencia y artillería pesada por detrás, a través de las Ardenas (región de bosques extensos y colinas en los países de Bélgica, Luxemburgo y una parte de Francia), una zona escasamente cubierta y defendida por el ejército francés.

Así las cosas, los alemanes entran a Francia y avanzan por los pueblos y ciudades del norte del país galo. Los franceses con valentía intentan detener el avance alemán pero sucumben. La estrategia ha funcionado. La fuerza expedicionaria británica, el ejército belga y las fuerzas armadas de Francia están rodeados (ensanduchados) por los alemanes. A los aliados no les queda otra que retirarse y replegarse hacia la costa para después evacuar. Han perdido. Una práctica de desvío de atención la de los alemanes que, obvio, dejó a sus rivales sin tiempo para reaccionar.

Después de esta breve historia, conocida por todos, vamos a lo nuestro, el juego del fútbol, porque algo muy parecido, en términos meramente tácticos y estratégicos, aconteció en el partido Nacional-Patriotas.

Diego Corredor, comandante de Patriotas, pensando que Alexis Henríquez produce situaciones ventajosas para Nacional con balón (sí que es cierto que las produce), mandó a su extremo derecho, Carlos Mosquera, a plantarse cerca de Henríquez para evitar su intervención con balón y anularlo del juego. Henríquez entendió la dinámica. No se movió, se quedó ahí y ató a Mosquera, que terminó quedándose sin poder auxiliar a sus compañeros atrás.

Juanma Lillo, comandante de Nacional, ordenó la iniciación y salida de balón por la zona central, con Felipe Aguilar, y el flanco derecho, con Carlos Cuesta. En este orden de ideas, en el giro del balón de Nacional de derecha a izquierda (izquierda-derecha de Patriotas), superada la línea de referencia de Carlos Mosquera, su espalda era atacada. Nacional encontró por el flanco derecho de Patriotas, en la zona intermedia, un espacio-hueco enorme para avanzar cómodamente.

Y avanzar con ventaja con un jugador rápido en la conducción, inteligente, gambeteador y driblador como Jeison Lucumí, que recibía abierto en la intermedia sin oposición (observar video), representa un verdadero y auténtico peligro para el rival. Mejor ni describirlo. Con Robayo por adentro (centro-derecha), Carlos Mosquera bien alto (en tercio ofensivo) y Jesús Murillo bien bajo (en tercio defensivo), el espacio, fundamentalmente el intermedio, en el flanco derecho de Patriotas (izquierdo de Nacional) fue demasiado. Por ahí Nacional se cansó de atacar en cómodas y ventajosas condiciones.

El engaño. Amago atacar por un lado, el rival se inclina para defender y combatir en ese lado. Pero con otros efectivos más pesados ataco otro lado y sorprendo. Cuando el rival reacciona y manda refuerzos al lado realmente atacado, quizá ya es demasiado tarde. Llegan a destiempo y fatigados por el desplazamiento.

La continuidad (de pases) provoca que el equipo adversario se incline (se desplace hacia la zona del balón) y en el cambio de orientación pague por su basculación. En términos tácticos y estratégicos, orientar al rival a ir-desplazarse-reforzar-defen-

der determinado espacio-sector-zona-flanco para que desproteja otro (espacio, sector, zona, flanco) y luego atacárselo. Cierto es que el único omnipresente es Dios.

También puede ser: salgamos y avancemos por determinado sector o flanco, obligando al rival a reforzar dicha zona, y luego de esto ataquemos por la zona contraria o desprotegida con nuestra artillería pesada (jugadores rápidos, veloces en conducción, gambeteadores, con pegada y pase de calidad).

La moraleja: Patriotas, al pretender eliminar a Alexis Henríquez, termina autoeliminando un jugador (Carlos Mosquera) que hacia atrás debe ayudar a cubrir espacios por la zona derecha.

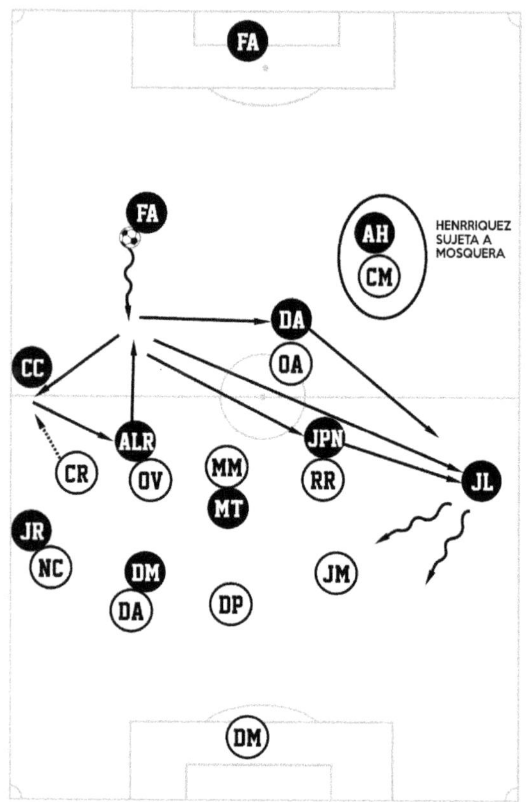

Por adentro, en tercio medio. Superioridad numérica global 5 vs. 4 o 4 vs. 3 de Nacional sobre Patriotas para encontrar hombres libres; si Oswal Álvarez, de Patriotas, va con Diego

Arias, el ascenso en conducción de Felipe Aguilar provoca por adentro una superioridad 5 vs. 4 (Aguilar, Arias, Ramírez, Nieto y Torres versus MMedina, OVásquez, OÁlvarez y RRobayo). Después será cuestión de encontrar las micro superioridades y al hombre libre.

Si Oswal Álvarez, el más adelantado del rival, le salta a Felipe Aguilar, la superioridad numérica de Nacional por adentro será 4 vs. 3 (Arias, Ramírez, Nieto y Torres versus Vásquez, Medina y Robayo). Igual después será cuestión de encontrar las micro superioridades y al hombre libre.

Juntar muchos pases cortos por adentro provoca que los adversarios se cierren (o se junten por dentro) y se libere espacio por afuera para jugar con ventaja. Igual, cuando el balón va por afuera, seguro se libera espacio por adentro. El movimiento del balón dentro-fuera-fuera-dentro contribuye a la liberación de espacios.

Otra. Aguilar asciende en conducción, atrae a Vásquez, que suelta y deja libre a su par Aldo Ramírez. Aguilar pasa a Cuesta. Rodríguez de Patriotas se abre para tomar a Cuesta. Aldo Ramírez se desmarca y como hombre libre recibe de Cuesta con comodidad espacio-temporal. Yair Rentería y Dayro Moreno fijan a NCarreño y DArboleda, respectivamente.

El segundo gol. Construcción a partir de los más retrasados

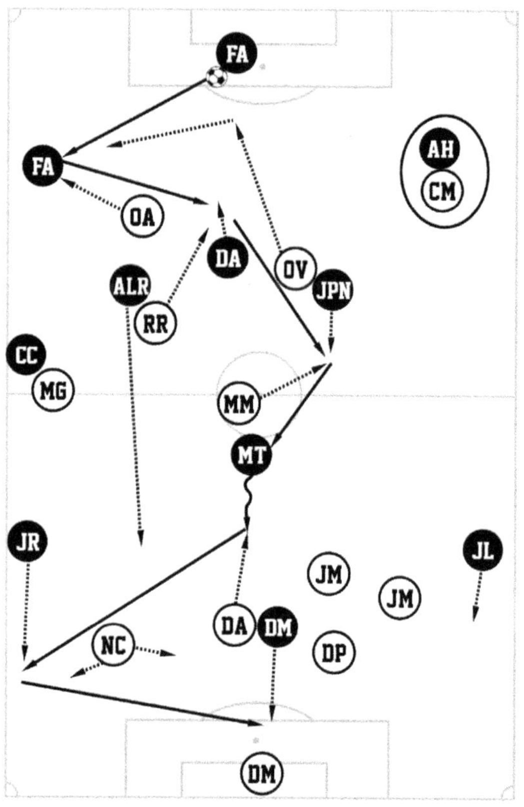

Una joya del juego de provocación y situacional. Aguilar, que fija a Álvarez, pasa a Armani. Vásquez salta en presión por Armani dejando libre a su par Nieto. Armani pasa a Aguilar y éste atrae a Álvarez y Vásquez al mismo tiempo. Arias se desmarca y le da línea de pase a Aguilar. Felipe se la da entre Álvarez y Vásquez a Arias. Arias, libre, controla y atrae a Robayo, que suelta a su par Aldo Ramírez. En este punto Arias tiene a dos compañeros libres de oposición para dar el balón. Decide pasárselo a Nieto, que controla y atrae a Medina. Mientras Medina va por Nieto, éste se la pasa a Torres, que está situado a la espalda del centrocampista de Patriotas. Torres recibe con ventaja espacio-temporal y conduce. Su conducción atrae y saca de posición defensiva al central Arboleda, que deja un hueco. Carreño se cierra un poco para que el intervalo espacial entre él y Parra no sea mayúsculo por la salida de Arboleda y se aleja de Yair Rentería, que como hombre libre por afuera recibe el pase de Torres. Rentería con ventaja centra buscando la finalización de Moreno.

Es cierto que Omar Vásquez comete el error de salir a presionar al portero Armani y abandonar su espacio defensivo en el centro del campo, pero también es cierto que lo hace por el desespero de recuperar rapidamente el balón debido a la necesidad que supone la derrota parcial (0-1 de Patriotas).

Acto 17

Sin 9: llegar y no estar.

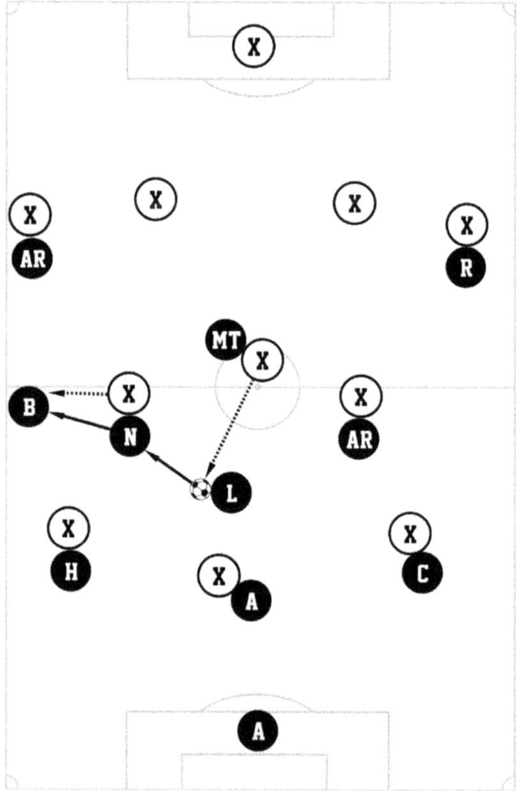

Arley Rodríguez y Luis Carlos Ruiz, abiertos, sujetando por afuera a los dos marcadores-laterales del Tolima (Arboleda y Banguero, respectivamente). Como ven, no hay jugadores por adentro, situados en los espacios donde se ubican los centrales rivales, Mosquera y Torijano. ¿A quién toman? ¿Quiénes son sus pares? La pretensión es que lleguen a la zona de finalización. Todo esto, adelante.

Atrás: Alexis Henríquez, Felipe Aguilar y Carlos Cuesta emparejados con Marco Pérez, Ángelo Rodríguez y Sebastián Villa, respectivamente, 3 para 3. Así las cosas, difícil tener jugadores libres desde los más retrasados. A no ser que a la espalda de los tres avanzados del Tolima aparezca Raúl Loaiza para provocar superioridad numérica desde la iniciación. Ahora, la superioridad numérica y los jugadores libres se pueden conseguir y encontrar en la mitad...

El doble libre intermedio. Tres centrocampistas del Tolima (Avimiled Rivas, Rafael Carrascal y Carlos Rentería) versus cinco intermedios de Nacional (Raúl Loaiza, Aldo Leao Ramírez, Juan Pablo Nieto, Macnelly Torres y Daniel Bocanegra). 5 para 3 o 3 para 5, como lo quieran ver. Igual y en definitiva, dos jugadores libres para jugar con ventaja espacio-temporal, progresar y llegar. La tarea: encontrarlos y encontrar la situación.

¿Cómo? Con Marco Pérez amarrando a Alexis Henríquez, Daniel Bocanegra (un futbolista tremendamente versátil y polivalente con capacidad de jugar y rendir en diferentes sitios del campo y ejecutar diversas tareas) asume una ubicación intermedia por afuera; se sitúa abierto y a la espalda de Marco Pérez por el flanco izquierdo de Nacional (Bocanegra es derecho).

En realidad de juego, Loaiza, como dice Lillo, dispone del balón. Avimiled Rivas salta, va por él, naturalmente liberando de oposición a Macnelly Torres. Loaiza pasa a Juan Pablo Nieto, emparejado con Rafael Carrascal. Nieto extiende para Bocanegra y Carrascal se abre, soltando a su par, para tomarlo (puede ser tarde porque el balón corre más rápido que el ser humano). En este momento, los dos jugadores libres son Juan Pablo Nieto y Macnelly Torres. En este momento, Bocanegra elige conducir y progresar o pasar y dar continuidad a la circulación.

Obvio, si no se juega rápido, es decir, si no se pasa rápido el cuero (1-2 toques máximo) y con la dirección correcta, las ventajas y libertades alcanzadas se pueden perder. Como pueden ver, sin superioridad atrás y adelante, pero sí en el centro del campo, nada más y nada menos donde se cocina el juego.

Cuarenta y cinco minutos, es decir, todo el primer tiempo, duró el Tolima y su comandante, Alberto Gamero, para descifrar el código Lillo. En el segundo tiempo, Villa se emparejó con Bocanegra (lo amarró), Marco Pérez cambió de par (Cuesta), Carrascal sujetó a Loaiza y Rivas y Rentería tomaron de pares a Nieto y Aldo Ramírez. Es cierto, Macnelly Torres flotaba y Alexis Henríquez, algunas veces apresado por Carrascal, que debió multiplicar su esfuerzo, estaba libre, pero su imprecisión impidió sacar ventaja. La redistribución del Tolima más una marcación férrea y agresiva limitaron a Nacional.

Eso sí, pasaron 45 minutos para descifrar el código Lillo. 45 minutos, en fútbol, es mucho tiempo. Pudo haber sido tarde.

Nota: La ubicación por izquierda del derecho Daniel Bocanegra también tenía una funcionalidad en el momento de repliegue, sin balón. Bocanegra tendría mayor facilidad en la marcación al utilizar su pierna hábil, la derecha, para dificultar (detener) la conducción del extremo derecho del Tolima, acostumbrado a encarar hacia dentro. Lillo tienen presente todo este tipo de detalles a la hora de armar el plan de juego para un partido.

Con respecto al uno contra uno defensivo: Se recomienda, no se ordena ni se obliga, orientar tu cuerpo (perfil corporal) de tal manera que tapones o reduzcas al jugador rival con balón el espacio de juego (para pasar, conducir, rematar) de su pierna hábil. Seguramente lo terminarás llevando a la situación más desventajosa o desfavorable obligándolo a jugar (pasar, conducir, rematar) con su pierna débil y por el espacio de la misma.

Ahora, si el oponente juega (controla, pasa, conduce y remata) muy bien con las dos piernas y/o es muy veloz, rápido, pues la verdad estarás en serios problemas, razón por la cual aconsejo que te eches la bendición porque te puede salir por cualquier lado. Si te orientas para un lado, te sale por el otro, y viceversa, debido a su capacidad de juego con ambas piernas y velocidad-habilidad de movimiento.

Un jugador que recuerdo con esta capacidad, Marc Overmars, extremo del Ajax dirigido por Louis Van Gaal. Su punto de partida era el flanco izquierdo pero en el uno contra uno generalmente eliminaba a su oponente por su capacidad para salir por cualquier lado debido a su rapidez de movimiento y su gran juego con ambas piernas. Overmars era liviano, bajito.

Acto 18

Cualquier jugador del mundo, libre, con tiempo y espacio, es crack...

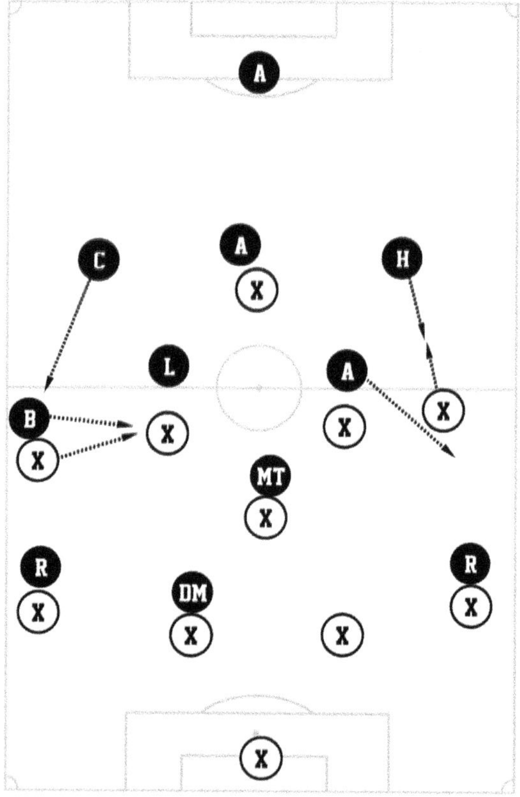

El gráfico nos muestra la distribución, los puntos de partida, de los jugadores de ambos equipos, en este caso Nacional y Medellín, las alturas de los jugadores en el campo, los emparejamientos... Pero también nos muestra algunos movimientos (intencionados) e interacciones (de igual manera intenciona-

das) que terminan produciendo ventajas. Todas situaciones que acontecieron en el juego, naturalmente. Entonces, Bocanegra, intermedio y cerrado (su punto de partida es por afuera pero en el desarrollo algunas veces va por adentro), desvía al extremo izquierdo del Medellín, Yairo Moreno, es decir lo obliga a perseguirlo e ir por dentro. Así las cosas, la banda derecha queda libre para realizar un ataque descubierto como se diría en ajedrez. Cuesta, bajo (altura en el campo), se abre y tiene toda la autopista libre para salir por afuera. Ruiz, alto y abierto, sujeta por afuera al lateral izquierdo del Medellín. Seguro, por banda, Nacional tendrá superioridad numérica (2 contra 1). El resto dependerá del ascenso profundo de Cuesta. Para esto deberá tener arrojo, valentía, calidad técnica (pase, recepción), lectura de juego, cosas que evidentemente Lillo estimula y ejercita en sus jugadores más retrasados.

Ahora, si Yairo Moreno no se desvía (no se cierra ante el movimiento de Bocanegra), es decir, se mantiene por afuera para emparejarse con Cuesta, Daniel Bocanegra provocará por adentro, en el centro del campo, superioridad numérica 4 contra 3 a favor de Nacional (Bocanegra, Loaiza, Arias y Macnelly Torres versus Moreno, Atuesta y Hernández).

Por la banda izquierda, también se producen ventajas de todo tipo por las alturas de partida, movimientos e interacciones de los jugadores de Nacional en función del posicionamiento de los jugadores del Medellín: Henríquez, bajo, atrae a Quintero, el extremo derecho del DIM. Rentería, alto, fija y sujeta por afuera al lateral derecho del Medellín. El lugar intermedio lo ataca Arias, que se abre y se coloca a la espalda del extremo derecho del Medellín y a una distancia considerable e importante del lateral derecho del adversario. Arias, con su movimiento dentro-fuera puede desviar a Hernández si éste lo persigue. Si no lo hace para evitar la superioridad numérica de Nacional por adentro (explicada en el párrafo anterior), dejará libre a Arias para que provoque superioridades por afuera.

Es importante en este punto destacar la versatilidad y comprensión de juego de Diego Arias, un futbolista mayor habituado a jugar por adentro, como mediocentro. Lo hizo así durante toda su carrera. Lillo lo llevó a explorar y jugar en otras zonas del campo, como en este caso, la banda izquierda, incluso siendo de pierna derecha. De igual manera, con Arias por el flanco izquierdo de Nacional (derecho del Medellín) la pretensión era que ante la intervención del extremo derecho del Medellín (Juan Fernando Quintero, un zurdo y talentoso en conducción, pase, pegada…) cuando coincidirán en un duelo o mano a mano estos dos jugadores en esos espacios, Arias le atacara con su pierna hábil, la derecha, la pierna hábil y el espacio de la misma a Quintero.

Desajustando de esta manera al rival, se llega a la zona de definición con ventaja, que es una de las pretensiones del juego que practican los equipos orientados por Juanma Lillo.

Nota: Desviación. El lateral se cierra y desvía (cierra) al extremo rival para que el extremo propio u otro compañero aparezca con ventaja espacio-temporal para jugar-intervenir (recibir-pasar) y realice un ataque descubierto. En resumen, se desvía al adversario, se produce un espacio y finalmente se realiza un ataque descubierto. Desviación y ataque descubierto, conceptos que no van por separado.

La clave Delph: Superioridad por dentro del City

En el juego de ida de la fase de grupos de la Liga de Campeones 2017/18 ante el Napoli, disputado en Manchester, el City buscó la superioridad numérica por adentro. La clave para tal propósito estuvo en el accionar de Fabian Delph, en el pizarrón, el lateral izquierdo. El movimiento de Delph ayudó al City a encontrar la superioridad numérica por adentro y, en consecuencia, a los hombres libres para jugar con ventaja espacio-temporal.

La doble pretensión de City: traer hacia adentro a los oponentes, cerrarlos, para liberar espacio por afuera y después atacarlos (por afuera) y/o generar superioridad numérica y hombres libres por adentro para jugar con ventajas espacio-temporales.

Entonces, cuando el City dispone del balón, en iniciación o salida (como le quieran llamar), Delph se cierra, va por aden-

tro, a una altura superior de los más retrasados, John Stones y Nicolás Otamendi. En ese lugar, Delph atrae al interior derecho del rival, cuya estructura o posicionamiento de partida es 1-4-3-3. Fernandinho clava al interior izquierdo del rival. Stones y Otamendi se encargan de llamar la atención del centrodelantero del Napoli. Otamendi, a su vez, fija y atrae (cierra) al extremo derecho adversario. Silva y De Bruyne son los que se benefician de lo que hacen sus compañeros, no sólo por la superioridad numérica por adentro, sino también por su ubicación (se sitúan a la espalda, flotan, de los adversarios).

En esta acción se ve reflejado todo lo expuesto anteriormente.

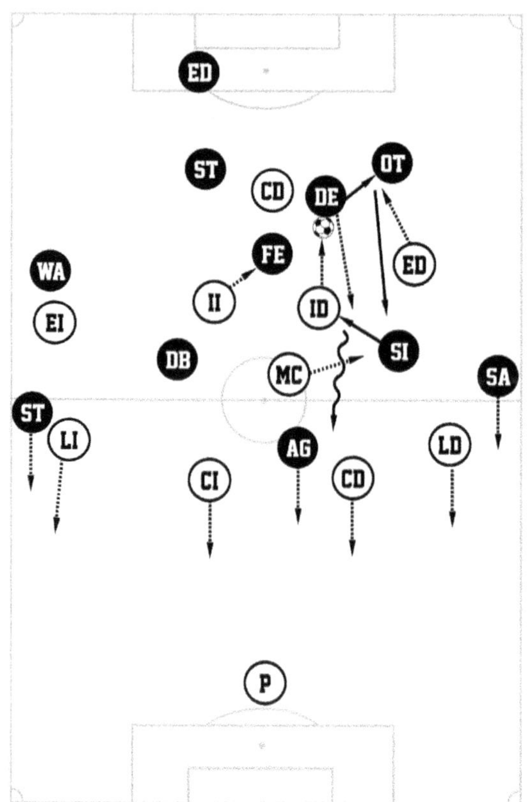

Delph se cierra y cuando dispone del balón, atrae al interior derecho del rival. Otamendi interviene, recibe el pase de Delph, y atrae, cerrándolo, al extremo derecho del Napoli. Silva flota a la espalda del jugador que atrajo Delph y cuando recibe

de Otamendi atrae al mediocentro rival, que a esta altura ha de encargarse de dos adversarios (De Bruyne y Silva), incluso un tercero, Agüero, si los centrales no le persiguen cuando este desciende.

Tres detalles relevantes en esta acción. Mientras Delph va a recibir el pase de muro de Silva, su par (el interior derecho del Napoli) apenas se está girando. Obvio, Delph llega primero al balón. Cuando Delph llega, su par apenas viene. El segundo detalle, el juego a un toque de Silva para hacer veloz la jugada y evitar ser cazado por el mediocentro rival (no le da tiempo para llegar). Y el último detalle, el control de Delph y Otamendi antes de pasar (ver cómo primero controlan y después pasan) es el que atrae al rival. Delph, en el pase que le da Fernandinho, controla, atrae a su par y pasa. Igual Otamendi, controla, atrae y pasa a Silva.

La superioridad numérica por dentro termina siendo 6+1 vs. 5 (Stones, Otamendi, Delph, Fernandinho, De Bruyne y Silva más el portero vs. centrodelantero, interior derecho, interior izquierdo, mediocentro y extremo derecho del Napoli). Delph, hombre clave por los movimientos ya explicados, cuando el City no disponía del balón se abría y se situaba a la misma altura de Kyle Walker, Otamendi y Stones.

Muy buena salida o iniciación del Manchester City. Eso sí, el Napoli iniciaba la presión pero no la acompañaba.

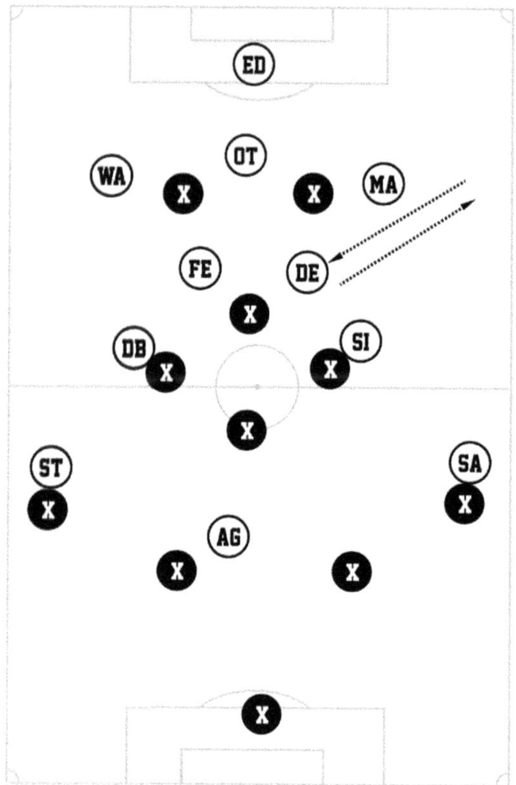

De igual manera, en el partido ante el Tottenham de la Liga Premier 2017/18 disputado en Manchester, Delph se cerró y el resto de jugadores comprometidos en la iniciación (Walker, Otamendi, Eliaquim Mangala y Fernandinho) se reubicaron (ver gráfico) para contrarrestar la estructura 1-4-3-1-2 del rival, que inicialmente emparejaba a Otamendi, Mangala y Fernandinho con los dos puntas centralizados y el media-punta del Tottenham, respectivamente. Bloquear a estos jugadores supone complicar el origen de la construcción de juego del City.

Estas ubicaciones y estos movimientos provocaron superioridad numérica, favorable a los de Guardiola, 5 contra 3 (Walker, Otamendi, Mangala, Fernandinho y Delph versus los dos puntas y el media punta del Tottenham) o 4 contra 3 (Fernandinho, Delph, De Bruyne y David Silva versus el media punta y los dos interiores del Tottenham) en el tercio defensivo y tercio medio defensivo del Manchester City, zonas donde se cocina el ataque del batallón de Pep. Una cuestión más cuantitativa que cualitativa desde el punto de vista táctico, pero funcional.

Ahora, la superioridad numérica en el centro del campo por dentro, 5 contra 4 (Fernandinho, Delph, De Bruyne y David Silva versus el mediocentro, los dos interiores y el mediapunta del Tottenham), se logró con el descenso de Sergio Agüero, si no era perseguido por alguno de los dos centrales del rival, o por el cierre de Raheem Sterling o Leroy Sané cayendo a los espacios interiores del centro del campo.

No olvidar que Delph es, también, centrocampista (jugador polivalente en definitiva), razón por la cual no desconoce los espacios en los cuales situarse, los movimientos a realizar y las tareas a ejecutar por dentro.

Al maestro Lillo, con cariño

Un homenaje de los jugadores al míster. Minutos antes del superclásico del fútbol colombiano, Nacional-América, ingresé a la zona mixta del vestuario de Atlético Nacional para hacer las tortuosas 'entrevistas´ de un minuto, apenas un minuto, que me requieren para la previa de la transmisión. Digo tortuosas para que se den cuenta de que en mi trabajo tengo que hacer cosas que no me gustan, pero entiendo la dinámica y me adapto.

Mientras esperaba al jugador designado para ´entrevistar (pongo entre comillas porque en un minuto es imposible hacer una entrevista), me recuesto sobre la pared que divide la zona mixta de una parte vestuario o camerino y de repente empiezo a escuchar algunas voces. Pasaron unos segundos y logré identificar que se trataba de Felipe Aguilar, Alexis Henríquez y Daniel Bocanegra.

Tengo que reconocer que me pudo más el deseo y me dispuse a escuchar con atención la conversación. No aguanté la tentación y me dejé llevar por el espíritu del chisme. Ojo, lo que voy a contar a continuación no me lo contaron, lo escuché. Yo lo escuché.

Sin ánimo de alargarme en la conversación, Alexis Henríquez les decía a sus interlocutores: "Como bien nos enseñó Lillo, vamos a hacer valer la superioridad numérica en la iniciación. Como ellos juegan con dos delanteros (Martínez Borja y Carmelo Valencia), nosotros les vamos a hacer 3 contra 2. El que tenga el balón de los tres atrae al primero de ellos, el receptor o posible receptor atrae al segundo y en ese momento uno de nosotros quedará libre para jugar con ventaja. Es cuestión de mover el balón para provocar las atracciones y al hombre libre".

Bocanegra replicó: "Entonces cuando Alexis tenga el balón, Martínez Borja le va a saltar, yo me le muestro para que me de la pelota y ahí atraigo a Valencia. Luego me giro y busco la manera de conectar con Aguilar que seguro estará libre. Y se la paso a Pipe".

Felipe Aguilar agregó; "Boca, si pasa eso y tú me la das, yo conduzco en dirección a Mosquera (volante central izquierdo de América), llamó su atención y lo distraigo para que suelte a Campuzano, que deberá estar jugando a sus espaldas. De ahí en adelante que los talentos impongan su calidad y como dice la canción, ´la rumba va sola'" (salsa choke, ritmo colombiano).

Así concluyó la charla entre Henríquez, Bocanegra y Aguilar. Confieso que escuchar eso fue apasionante. No por el chisme como tal o la primicia noticiosa o periodística, sino por el contenido futbolístico. Escuchar a los jugadores hablando de esa manera del juego me fascinó. Un gran momento. Gracias a Dios por ponerme ahí...

Pues bien, todo esto es producto de mi imaginación y nada de lo anteriormente expuesto realmente aconteció. Perdón.

Ahora sí vamos a lo serio. Juan Manuel Lillo se ha ido de Nacional. En su reemplazo llegó el argentino Jorge Almirón. Sin embargo, en el cerebro de los futbolistas ha quedado incorporado aquello que han aprendido de Lillo: el juego de provocación. Felipe Aguilar, Alexis Henríquez y Daniel Bocanegra, como buenos hijos de Juanma, han echado mano de la herencia conceptual que les ha dejado el maestro y han aplicado y practicado en el superclásico del fútbol colombiano ante el América ciertos procederes futbolísticos, rindiendo de paso un homenaje sobre el césped a su padre futbolístico.

Antes de continuar, ¿por qué juego de provocación? Simplemente porque el objetivo radica, como su nombre lo indica, en provocar continuas superioridades numéricas (3 contra 2, 2 contra 1) en diversos sectores del campo, además de atracciones, distracciones, fijaciones, hombres libres de oposición... Cuestión de provocar.

Ante América, las tareas e interacción de los jugadores de Nacional provocaron todo lo anteriormente mencionado, en iniciación y continuación, con el objetivo de progresar con ventaja. En iniciación el equipo hizo valer la superioridad numérica 3 contra 2 para terminar dejando a un hombre libre para escapar.

Encontrar al libre para escapar. En la iniciación del juego, Alexis Henríquez atrae-invita a Cristian Martínez Borja. Bocanegra hace lo propio con Carmelo Valencia. Henríquez y Bocanegra son los imanes; atraen a Borja y Valencia, respectivamente. Y liberan o dejan sin oposición a Felipe Aguilar. Pero no solamente contribuyen a que quede libre, sino que lo buscan, le dan el balón para que intervenga (reciba, conduzca y pase) con ventaja espacio-temporal (con libertad).

Y en continuación, Felipe Aguilar conduce apuntando a Pepe Mosquera, le muestra el balón, llama-capta su atención (lo distrae, lo hipnotiza) y Jorman Campuzano, situado a la espalda de Mosquera, le da línea de pase al compañero con balón (Aguilar). Flotar a espaldas del oponente es determinante, ya lo saben. De nuevo superioridad numérica, esta vez en tercio medio, 2 contra 1 (Aguilar y Campuzano versus Mosquera). Pase rayos X de Aguilar a Campuzano, progresión y entrada a

tercio ofensivo. Cerca de la portería rival. Genuina construcción de juego.

Que los que se asocian (Henríquez-Aguilar-Bocanegra) se entiendan es clave. Con el tiempo se da ese entendimiento. Sinergias que generan una gran inercia.

Así, con la herencia de Lillo, Nacional controló el jugo.

Nota: Sobre el control y el dominio del juego. Una cosa es ser dominante y otra tener el control. Puedes no dominar pero sí tener el control del juego. Dominar y controlar no es lo mismo así parezca.

La estructura de América fue 1-4-4-2 y la de Nacional, 1-4-3-3.

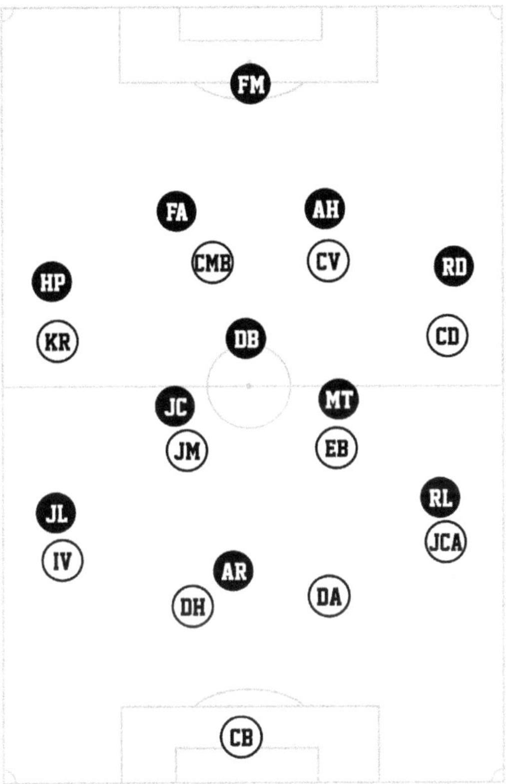

Todo lo anterior lo puedes apreciar en los siguientes videos.

Los hijos de Lillo

Estructura de Nacional 1-4-3-3. Estructura del Cali 1-4-4-2.

En iniciación, el mediocentro de Nacional Jorman Campuzano se sitúa de base, a la altura y entre los centrales Daniel Bocanegra (derecho) y Alexis Henríquez (izquierdo) permitiéndoles abrirse y escapar.

La superioridad numérica en iniciación de Nacional 3 contra 2 (Bocanegra, Campuzano y Henríquez versus Nicolas Benedetti y Pepe Sand, los dos más avanzados del Cali) se hace valer. Generalmente el escape es con Bocanegra o Henríquez.

En la jugada que observamos en el video, la salida es con Bocanegra, un jugador polivalente acostumbrado a jugar de lateral.

Entonces, Bocanegra controla-recibe, conduce, avanza (todo esto como lateral pero por dentro) y se instala en campo enemigo. Todo sin oposición, libre. Libertad que le da la superioridad numérica 3 contra 2 de la iniciación. Y también la complicidad de Nicolas Benedetti, jugador del Cali, que apenas trota.

En otra altura Macnelly Torres se desplaza llevándose a su par Andrés Pérez, que cuando lo ve escapar prefiere perseguirlo (Macnelly es el 10, el crack de Nacional y no hay que dejarlo libre) so pena de no saltar para obstaculizar la conducción y avance de Bocanegra. Es decir, Macnelly Torres le limpia el espacio a Daniel Bocanegra.

Dayro Moreno, el pivot o avanzado de Nacional, en otro sector o altura (en las inmediaciones del área rival) clava a los dos centrales del Cali (Dany Rosero y Jhon Lucumí). Lucumí, el central izquierdo, duda salir-saltar por Daniel Bocanegra y finalmente no lo hace. Lucumí está lejos de Bocanegra y si abandona ese lugar libera un espacio y deja mano a mano a su compañero Rosero con Dayro Moreno en la entrada del área. Por esta razón Dayro Moreno también contribuye a que su compañero Daniel Bocanegra tenga espacio para conducir y patear.

Bocanegra avanza lo suficiente hasta llegar a zona de finalización y allí hace uso de una de sus virtudes, rematar al arco rival de media distancia, algo necesario y obligatorio en este partido porque el Deportivo Cali decidió replegar, amontonarse atrás, meterse en la cueva con todos sus efectivos.

Todo esto, 'juego con intención…', como algún día lo manifestó el propio Lillo.

Esta jugada muestra la importancia que tiene un retrasado, un central, cuando llega a tercio ofensivo ante rival replegado y tiene como don el remate de media distancia. Es por estas razones que un retrasado, un central, debe entrenar (mejorar-perfeccionar) durante toda su etapa formativa y profesional el remate de media y larga distancia. En algún momento se darán las condiciones, y los partidos y rivales demandarán.

Bocanegra, Henríquez, Torres y Moreno, hijos de Lillo. Obvio no podemos olvidar el aporte de Campuzano y los de afuera, Helibelton Palacios y Reinaldo Lenis, que sujetan por fuera al lateral izquierdo (Jeison Angulo) y al extremo izquierdo (Jhon Mosquera) del Cali.

Cierto es que Lillo a los jugadores no les ha enseñado a driblar, a patear, a pasarse el balón. Eso sí, ha decidido y hecho determinadas cosas para que haya comprensión y entendimiento entre ellos en el campo de juego. Eso es ser entrenador.

Nota 1: Memoria futbolística. Saber dónde está o donde están, y a dónde van a llegar los compañeros sin siquiera míralos. Y saber que harán (movimiento, jugada...) antes de que la hagan. Esta relación-interacción-asociación me ayuda a decidir, a ubicarme, a desplazarme, a jugar el balón... Esta inteligencia colectiva se logra con el tiempo, los entrenamientos, los partidos, las vivencias.

Nota 2: El que juega por dentro tiene gente a la espalda y poco espacio, razón por la cual debe ser listo, ágil y tener ojos en todos lados (estar girando el cuello rápido, repetidamente y girarse velozmente). El que juega por fuera tiene todo de cara (rivales, compañeros, espacios). Bocanegra es un lateral con las cualidades descritas para jugar por dentro y de centrocampista (interior, mediocentro), algo que identificó Lillo y le dio la posibilidad de hacerlo durante su gestión.

CAPITULO 3.

LA CONEXIÓN CON PEP GUARDIOLA. EL MANCHESTER CITY

Juan Manuel Lillo y Pep Guardiola, ya lo saben todos, coinciden en una misma corriente ideológica. Bien dijo Juanma algún día, "Guardiola es como mi hijo". Pues a lo largo de este capítulo estudiaremos al Manchester City dirigido por Pep Guardiola con la intención de detallar la maravillosa obra que pulverizó todos los registros y arrasó con todos los preconceptos futbolísticos existentes en Inglaterra en la temporada 2017-18 y la coincidencia ideológica que une a Pep con Lillo, alumno y maestro, respectivamente.

Iniciamos el recorrido con este artículo que trata al Manchester City desde la perspectiva situacional. Bien dicen los italianos que el fútbol es un juego, entre otros elementos, situacional. La palabra situacional refiere a situación y situación es acción y efecto de situar o situarse y disposición de una cosa respecto del lugar que ocupa.

El City con el 1-3-2-5 (el portero, 3 atrás, 2 por fuera y 5 por dentro). El Liverpool, 1-4-3-3.

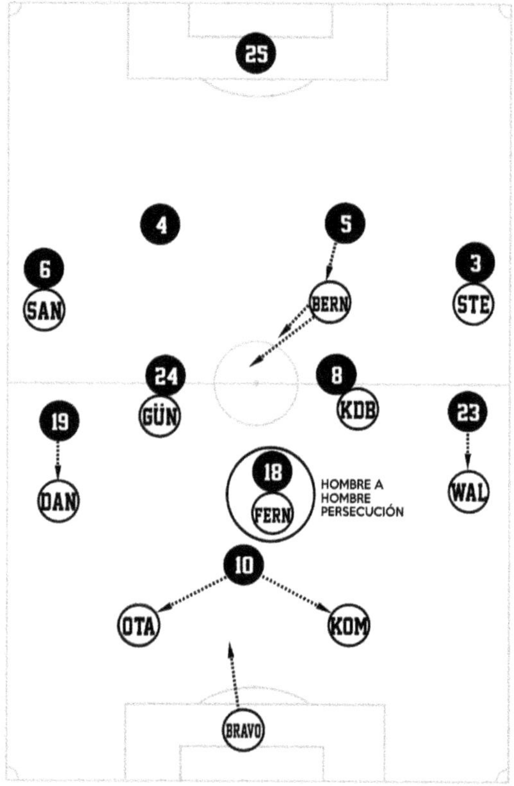

Los tres más avanzados del Liverpool, Sadio Mané, Mohamed Salah y Roberto Firmino (los dos extremos y el punta, respectivamente) presionan bien alto a los tres más retrasados del City (Danilo, John Stones y Nicolás Otamendi). Así, 3 para 3, mano a mano. La realidad es que en iniciación es 4 para 3 a favor del City por la ubicación de Fernandinho a espaldas de los tres del Liverpool y su intervención-juego (dar líneas de pase, recibir el balón y dar continuidad), y la presencia en la zona donde se está desarrollando el juego del portero Ederson que, de igual manera, debe estar presto para intervenir-jugar (reubicarse para recibir y dar continuidad-pasar-). Incluso, perfectamente podría ser un 5 contra 3 por los apoyos simultáneos de los jugadores mencionados, Ederson y Fernandinho.

Pero en el centro del campo es donde se cocina el juego. Ahí encuentra el City la superioridad numérica, los jugadores libres y las ventajas espacio-temporales. Obvio, el 3 para 3, 4 para 3 o 5 para 3 de la iniciación, o salida, condiciona, contribuye e influye en lo que acontece en el tercio medio.

Los dos de afuera, Kyle Walker y Benjamin Mendy, intermedios (no muy altos, no muy bajos, en términos ubicacionales), obligan a salir demasiado a los marcadores-laterales del Liverpool para apresarlos; si no saltan (Alexander Arnold y Alberto), reciben sin oposición a menos que uno de los centrocampistas se abra, lo que por obvias razones supone despoblar la zona interior del centro y dejarlo a merced del City.

En teoría, en el tercio medio, por dentro, 3 del Manchester City versus 3 del Liverpool: Fernandinho, De Bruyne y David Silva contra Henderson, Cam y Wijnaldum. Digo en teoría porque en la práctica, por ejemplo, cuando Fernandinho intervenía, situado a la espalda de los tres más avanzados del Liverpool, Henderson saltaba por él (salía de su posición de mediocentro para capturar-arrestar a Fernandinho). De Bruyne y Silva emparejados con Wijnaldum y Cam. Hasta aquí, todo igual, mano a mano, cada uno con su par.

La superioridad numérica aparecía gracias al descenso al centro del campo de uno de los dos más avanzados del City, generalmente Sergio Agüero. Agüero ocupaba el espacio liberado por Henderson, cuando este saltaba en presión sobre Fernandinho o se reubicaba (Cam y/o Wijnaldum también saltaban en presión sobre Fernandinho, lo que obligaba a los dos restantes a reubicarse), y flotaba a la espalda de los centrocampistas del Liverpool. Ninguno de los centrales del Liverpool (Matip y Klavan) tenía el valor de perseguir a Agüero, quizá por el temor de dejar en la entrada del área mano a mano a Gabriel Jesus con el defensa más retrasado y también por tener

los apoyos defensivos lejos y a distancia del último defensor (recordemos que los marcadores-laterales, con seguridad, estarían abiertos y salidos).

Así las cosas, superioridad numérica 6 vs. 5 en el tercio medio del Manchester City. Y cuando hay, en determinado sector, superioridad numérica, aparecen en cualquier momento y lugar (espacio) los jugadores libres para intervenir con ventaja espacio-temporal.

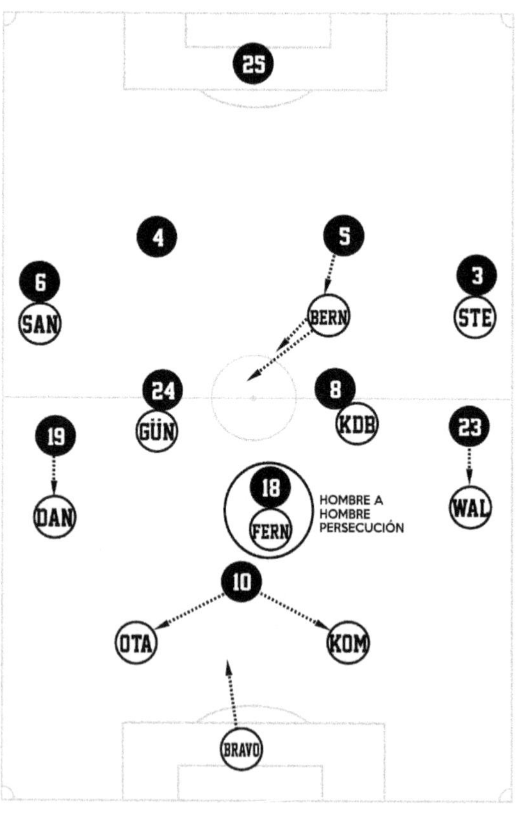

Deleite táctico

El Cardiff cayó en la trampa todo el tiempo. Superioridad numérica en iniciación, o desde la iniciación, 3 contra 2 del Manchester City. Incluso, 4 contra 2 teniendo en cuenta la participación del portero Claudio Bravo. Los dos más avanzados del Cardiff, el 10 y el 18, versus Otamendi, Kompany y Fernandinho. A estos se les sumaba Bravo.

El City supo sacarle jugo al error del Cardiff de perseguir y hacerle hombre a hombre con el 18 a Fernandinho. La repetida marcación hombre a hombre de los rivales del City sobre Fernandinho y Otamendi en el fútbol inglés revelan la importancia y el valor de este par de jugadores en el juego del equipo orientado por Guardiola.

Para el 10 fue imposible controlar a Otamendi y Kompany (y Bravo, reitero). En el intercambio de pases de este par o de este trío, el 10 siempre quedó fuera de jugada. Lo eliminaban.

En la continuidad, uno de los dos (Kompany u Otamendi) quedaba libre con balón. El libre, con balón conducido, invitaba-distraía al 18, que estaba sujetando y persiguiendo a Fernandinho.

Para invitar-distraer, naturalmente, tenía que orientar el balón a la zona donde estaban el 18 y Fernandinho. Y de igual manera, el movimiento de Fernandinho debía mantener al 18, su par, en visual y perspectiva del compañero con balón, es decir, en la zona del balón para que el jugador oponente se viera en un momento determinado, por cercanía, seducido a saltar por Kompany (u Otamendi) y dejarle libre (a Fernandinho); si Fernandinho se alejaba mucho, como había una persecución, seguro el 18, su par, al estar lejos de la zona del balón, no se vería seducido por el portador (Otamendi o Kompany) y no saltaría soltando y dejando libre a Fernandinho, que seguro siempre deseará quedar libre para jugar con ventaja. En otras palabras, los movimientos y la dirección de los mismos de Fernandinho deben tentar a su par a intercambiar marca (que el 18 lo suelte y salte por el compañero que dispone del balón).

Ya, cuando el 18 suelta a Fernandinho y salta por Otamendi o Kompany (o se concentra en el que dispone del balón), el mediocentro brasileño queda libre a la espalda para jugar con holgura. Segundo rival eliminado. También es importante para que a Fernandinho no le llegue marca la manera cómo Gündoğan y Kevin De Bruyne sujetan, y también arrastran, a los dos volantes centrales del rival.

Después el castillo táctico y estructural del Cardiff se viene al piso lentamente y el City progresa y avanza intercambiando pases hasta llegar al objetivo, la zona de finalización. Danilo y Walker amarran por afuera al 19 y 23, respectivamente. Y a una altura superior Sané y Sterling clavan y sujetan por afuera al 6 y al 3, respectivamente.

Para resumir, el 3 para 2 por adentro en iniciación es el que desajusta todo. El 10 corre como un loquillo detrás del balón. En el intercambio intencionado de pases de Otamendi y Kompany es eliminado. El 18 persigue, hombre a hombre, a Fernandinho, pero cuando Otamendi o Kompany le muestran el caramelo (el balón), corre por él y suelta a su presa (Fernandinho), que después se beneficiará interviniendo con libertad y, en consecuencia, jugará (recibir, conducir, pasar) con ventaja espacio-temporal. No es más que desajustar las marcaciones y los emparejamientos del rival a través de superioridades numéricas desde bien lejos de la portería objetivo.

Y como si fuera poco, Bernardo Silva, falso nueve, desciende para colocarse a la espalda de los volantes centrales del rival (el 24 y el 8) provocando superioridad numérica en la mitad, por dentro, y generando huecos y espacios grandotes en la entrada del área rival si algún central del oponente (el 5 o el 4) se atreve a perseguirlo.

> Nota: La ubicación y los movimientos (su trayectoria, dirección e intencionalidad) de Fernandinho y Otamendi son una locura. Provocan y producen muchas cosas a favor del City. Desde fijaciones, clavadas, hasta atracciones, distracciones, liberaciones, arrastres... Pero, de igual manera, es determinante la forma como mantienen la posición, el lugar, el sitio, otros jugadores según la circunstancia y la situación. Esto es saber jugar, saber moverse... Entender el juego. Un estado superior, no solo intuición, que también es necesaria.

> Nota 2: El movimiento de descenso del más avanzado centralizado invita, saca de posición, al central rival, y genera un hueco, un espacio, para ser atacado por un compañero que llegue desde atrás o desde afuera. Balón y jugador se encuentran en ese espacio generado.

También fijar a un oponente y moverse con la intención de arrastrarlo y sacarlo del camino para liberar un espacio y generar líneas de pase al compañero que dispone del balón es otro de los ejercicios que demanda esta intelectual manera de jugar.

El Arsenal, de hijo

Tres minutos y trece segundos para llegar a gol. Todo lo que hay que hacer para terminar festejando.

1. Recuperar la pelota en propio campo.
2. Salir rápido, intentando una contra.
3. Tomarse un tiempo en campo rival y darle un tiempo a los compañeros para que ganen altura. Te tomas un tiempo y le das tiempo a los tuyos. Esto lo hizo a la perfección Sterling (15' 15" del tiempo del partido). En otras palabras, llegar respaldados o con respaldo, en manada; no solo ni solos.
4. Instalarse en campo rival.
5. Continuidad de pases con paciencia. Mover la pelota para dormir al rival, someterlo, empujarlo hacia atrás y, naturalmente, encontrar la situación ventajosa para patear (fuera o dentro del área) al arco y finalizar la jugada (que termine también en una falta a favor en las inmediaciones del área rival o en un saque de esquina). Es decir, pasarse el balón cuantas veces sea necesario, porque el rival está amontonado atrás, sin afán, pero con intención de dañar. Lo dice Guardiola: "Se mueve el balón para mover al otro. Pasarse el balón con la intención de mover una estructura defensiva para atacarlos donde te conviene".
6. Si se interrumpe la continuidad de pases o se pierde el balón, reaccionar, presionar y recuperar lo antes posible para mantenerse en campamento enemigo,

eliminar el contragolpe del rival y evitar correr para atrás.

7. Volver a pasarse el balón sin afán, así se vaya perdiendo o se necesite ganar, pero con la intención de dañar, buscando las mejores condiciones para patear o la situación ventajosa para finalizar. De tantos pases seguidos, el espacio y la ocasión aparece-resulta sin querer, o por inercia.

Todo esto, en secuencia, lo hizo el Manchester City durante 3 minutos 13 segundos ante el Arsenal. Total dominio y control del juego.

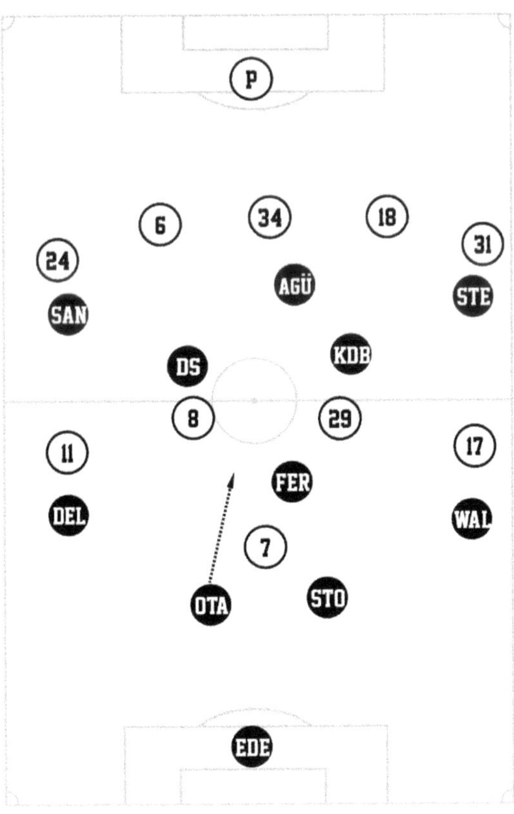

Arsenal está estirado. Pierde 1-0. No están cercanos ni juntos. Van a buscar el balón. Cuando el rival se estira y va en presión, hay espacio para jugar a sus espaldas. Kevin De Bruyne y David Silva se sitúan a espaldas de los volantes centrales del rival, el 29 y el 8, respectivamente.

Fernandinho y el que asciende, Nicolás Otamendi, se sitúan de cara, o de frente, a los dos volantes centrales del rival, el 29 y el 8. Delph, abierto, sujeta por fuera al 11. Y Walker hace lo propio por derecha con el 17. Otamendi y Stones, dos contra uno sobre el 7.

Otamendi, magistralmente, aguanta. Es cierto, lo puede hacer porque no tiene oposición. Pero no se apresura, se toma un tiempo. El 29 del Arsenal inicialmente va por Fernandinho, posible receptor. Fernandinho, sin balón, distrae y atrae al 29, que luego lo suelta porque a su espalda está Kevin de Bruyne. El belga se muestra a espaldas, Otamendi le puede pasar el balón. El 29 mira a De Bruyne y se reubica para cerrar esa línea de pase. Al reubicarse suelta-libera a Fernandinho.

Es decir, 3 contra 1: el que dispone del balón (Otamendi), el que recibe la pelota (Fernandinho) y el que se muestra como opción (De Bruyne) contra el 29 del Arsenal. Observen cómo Fernandinho primero se acerca, para distraer, al 29 y luego se le aleja para poder recibir con ventaja.

Y, de igual manera, detallen como De Bruyne a espaldas del 29 se le muestra al compañero con balón, pide la pelota y aparece en el campo visual de su oponente (el 29) para obligarlo a reubicarse, alejándose de su par de cara, y ayudar a liberar a su compañero Fernandinho.

Cuando el 29 suelta a Fernandinho, Otamendi (después del tiempo que se ha tomado para que sucedan las cosas descritas anteriormente) le pasa el balón a Fernandinho, en este momento libre. Obvio que Fernandinho recibe, acomoda y pasa con ventaja espacio-temporal (a buena distancia de su marcador). Es la trampa, el truco táctico para ganar el centro del campo y avanzar con ventajas, rodear al rival en el centro del campo.

El papel de Fernandinho es el de actuar como cebo: fijar a los centrocampistas rivales, mantener su atención centrada en él, para que sus compañeros (los que atacan las espaldas) que van a recibir el balón lo hagan sin oposición, con libertad. Necesitas tres elementos: el que trae el balón (Otamendi), el cebo (Fernandinho) y el que recibe libre (De Bruyne o Silva). Lo demás se cuenta solo.

> Nota 1: El mediocentro no tiene por qué siempre situarse a la altura de los centrales. Muchas veces se le requiere en una altura superior para que, sin balón, distraiga-atraiga rivales y libere compañeros más adelantados. Fernandinho es maestro en esto.
>
> Nota 2: Observar, discernir y hablar.

Algunos detalles que el jugador debe considerar y tener presente en el momento en el que su equipo dispone del balón.

Sin balón: El jugador debe observar y discernir dónde hay un espacio, dónde es conveniente situarse, si a las espaldas o de frente de los adversarios, si adentro o afuera. Se debe dar un tiempo para observar si los compañeros están marcados o libres. Discernir si se acerca al compañero con balón o se aleja del mismo. Observar-discernir si se mueve, si se desplaza, en qué dirección, o permanece en el sitio, si se aleja o se acerca a un compañero o rival (acercarse al oponente para llamar su atención, distraerlo-atraerlo y permitirle a un compañero jugar con ventaja o simplemente liberarlo de oposición, o alejarse del oponente para poder recibir el balón). Ahora, antes de recibir, en el viaje del balón o antes de que te la vayan a dar (1, 2, 3 jugadas antes o pases previos a tu intervención), mientras te ubicas o sitúas en el espacio, como has estado observando todo (espacios, compañeros, rivales, balón, movimientos) gracias al giro continuo y veloz de la cabeza, ya has decidido lo

que vas a hacer puesto que la geografía del juego la tienes clara.

Con balón: Observar si hay espacio para conducir, discernir hasta dónde conducir. Observar quiénes están profundos y abiertos, cercanos y alejados, marcados y libres, y si es posible pasar y a quién pasar. Generalmente será mejor pasar al más profundo o alejado. Observar quién aparece o se desmarca y si el compañero al que le va a dar el balón está algo libre, totalmente libre o con marcación estrecha y es mejor no hacerlo. Tener la cabeza levantada y estar observando con suma atención y concentración todo (rivales, compañeros, espacios, balón, movimientos de unos y otros) es básico para decidir mejor. Esto es juego. Ah, y obvio, hablarle a los compañeros. Y los que están sin balón: movimiento justo, adecuado, para que se lo pasen. O facilitar el pase. Hay facilitador y facilitadores. No lo recibo, pero facilito el pase. Cuestión de tres: el que dispone del balón, el receptor y el facilitador o los facilitadores.

No es solo intuición, también es reflexión. No es correr por correr o moverse por moverse o quedarse quieto por quedarse quieto o pereza. Es saber cuándo hacerlo, por qué (intencionalidad) hacerlo, cómo hacerlo, hacia dónde hacerlo, dónde hacerlo. Por ejemplo, cuando corres, el ritmo con el que corres no siempre ha de ser el mismo.

> Nota 3: ¿Por qué los más retrasados deben llevar el balón a campo rival, o poner el balón en campo rival? Por una razón muy elemental. Para que los intermedios y avanzados no tengan que bajar por el balón y se mantengan en las zonas intermedias y próximas al área rival. Además, llevando el balón, adelanta su posición para acortar las distancias con sus compañeros que están por adelante y así achicar el espacio.

> Nota 4: Sobre el pase. Existen pases de seguridad y de riesgo. Los pases de seguridad son los de retorno y los laterales (horizontales). Los de riesgo son verticales o filtraciones que rompen y superan la presión de los oponentes. Todos son necesarios e igual de importantes. Cierto es que los pases de riesgo son, o pueden ser, más difíciles de hacer y no todos se atreven a hacerlos.

El debido proceso

Partido formidable. Rival cerrado, muy atrás, muy junto, comprimiendo el espacio. Su estructura: 1-5-4-1. Sin embargo, el City hizo de todo: lo sometió, lo arrinconó, lo encarceló, lo empujó hacia atrás, pateó de fuera del área, produjo faltas al borde de área, saques de esquina, ocasionando muchas chances de gol aunque apenas ganó por 2-1. Eso sí, Pep Guardiola la tiene clara: "No se trata de cuantos goles anotas, sino de cuantas oportunidades creas, cuantas oportunidades tiene que salvar el portero", señaló el catalán.

Las pocas veces que el West Ham se atrevió a presionar alto, la pasó muy mal porque se encontró con el inmejorable proceso de construcción de juego del City. Vamos a verlo y a estudiarlo.

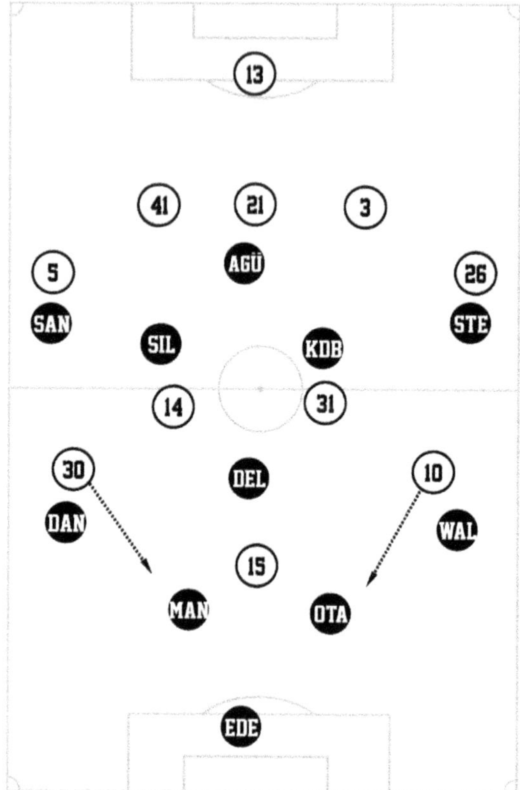

El 10 vigila a Otamendi. La verdad, Otamendi termina sujetando al 10, dejándolo sin posibilidades de intervenir o ayudar a sus compañeros en la presión en el momento en el que el City mueve el cuero. El 15 inicialmente vigila a Kevin de Bruyne y a Delph, que aparece en su campo visual porque se va cerrando y acercando al balón. El 15 se sitúa entre De Bruyne y Delph para poder ir por el que reciba el balón del portero Ederson. De Bruyne y Delph, los cercanos, posibles receptores. Finalmente, el que recibe el balón es De Bruyne, que, lógicamente, atrae al 15 del West Ham y libera a Delph. De Bruyne le devuelve la pelota a Ederson y el 15 le salta al portero soltando-liberando a Kevin.

En el intercambio de pases entre De Bruyne y Ederson, 2 vs. 1 al 15; lo ponen a correr detrás del balón. Primera superioridad numérica.

El 30 está pendiente de Mangala y Delph, que como dije anteriormente, se va acercando al balón cerrándose. Como Delph puede recibir el balón (recuerden que ha quedado libre) cuando Kevin De Bruyne dispone del mismo, invita al 30 y libera totalmente a Mangala, que va a recibir de Ederson con comodidad espacio-temporal. Mangala recibe en condiciones ventajosas y el 30 suelta definitivamente a Delph, que se reubica en el espacio para mostrarse y dar línea de pase. Mangala, rápido (2 toques), se la pasa a uno de los dos libres, Kevin De Bruyne, y en este momento el City encuentra la salida, escapa del intento de presión alta del West Ham. Segunda superioridad numérica, 4 contra 2 (Ederson, De Bruyne, Mangala y Delph vs. el 15 y el 30 del rival), en un espacio de 12-13 metros x 20-22 metros. De ahí en adelante se va el tren... Continuación y finalización.

Importante detallar la velocidad de balón del City. De Bruyne hace tres toques antes de pasar, Ederson realiza dos (control y pase) y Mangala, también dos (control y pase). Para saltar la presión rival es necesario jugar rápido el balón, así lo hizo el City. Alta precisión a alta velocidad del balón.

Nota: Ante rivales que comprimen tanto el espacio, cuyas distancias de relación son mínimas, están muy juntos y se respaldan, es necesario tener mucha continuidad de pase en campo adversario y no apurar tanto. Sin afán.

La continuidad de pases te permite instalarte en campo rival y empujar hacia atrás al adversario para ganar el perímetro del área rival y rematar de afuera, provocar pelotas quietas (faltas cercanas a la portería adversaria, saques de esquina).

Pases, conducciones y gambetas muy verticales (hacia adelante) ante equipos tan juntos, por lo general, rápidamente se cortan. Necesitas mucha circulación para intentar empujarlos bien hacia atrás.

Ante rivales tan juntos será difícil atacarles las espaldas, a diferencia de equipos más separados, razón por la cual debes

meterlos debajo de su portería para jugar de frente a ellos y poder patear de media y larga distancia. Pero si no aguantas la pelota, si no te das tiempo y le das tiempo a tus compañeros para que ganen alturas será muy difícil.

Además, si el perfil de los de afuera es natural (es decir, derecho por derecha e izquierdo por izquierda), buscarán más rápido de lo debido la portería rival. Si los de afuera juegan con perfil cambiado con seguridad harán más movimientos y desplazamientos horizontales que verticales. Esto no es última palabra ni palabra de Dios.

El plan B: Sacar provecho del reglamento

"La forma de defender al Barça, a Messi, con Guardiola era diferente. El planteamiento era decir: 'Ustedes arriba son muy buenos, tenemos que hacer todo lo posible para que no le llegue el balón a Neymar, ni a Suárez ni a Messi'. Y la mejor manera de que no les llegara el balón era plantear una presión lo mejor posible desde arriba. Creo que atajaba Ter Stegen, que tiene mucha calidad en los pies. Entonces el único que puede estar libre es Ter Stegen. Planteamos una presión alta, prácticamente en su campo al hombre, sin dejarles tener tiempo para que llegara bien el balón y fue Ter Stegen el que nos complicó todo. Empezó a jugar pases largos, no balones largos, a Luis Suárez, y éste maneja muy bien el cuerpo. En los primeros 20 minutos casi nos meten 2-0 en jugadas individuales. Entonces cambiamos un poco y dijimos: 'Vamos a hacer la presión de tal manera que igual el lejano se pueda quedar libre, pero que no nos quedemos mano a mano atrás, en defensa'. Y ahí ya hicimos un partido muy igualado. El plan de juego fue muy enriquecedor para mí", explicó Xabi Alonso, recordando al Bayern Munich de Pep enfrentando de visitante al Barça en la Liga de Campeones de 2015.

El Barça, en aquel partido, utilizó el tradicional 1-4-3-3. El Bayern le respondió con el 1-3-2-3-2. Así lo emparejó dejando libre al portero Ter Stegen.

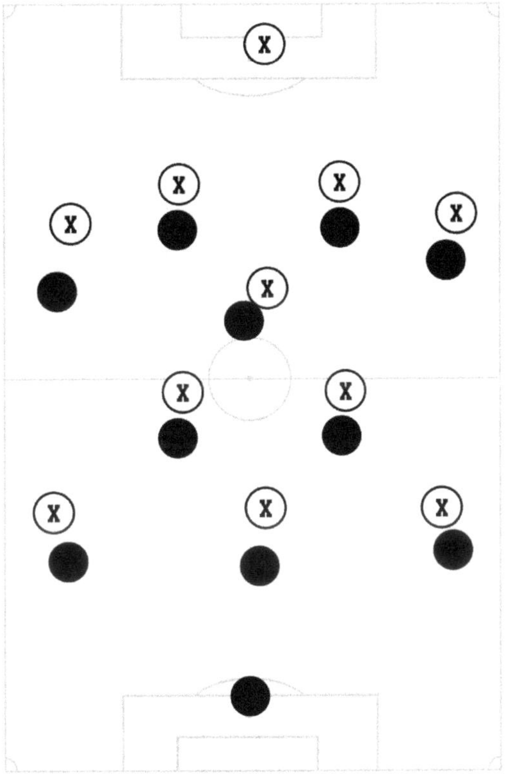

Lo expuesto por Xabi Alonso, en esa época jugador del Bayern Munich, queda retratado en el siguiente video.

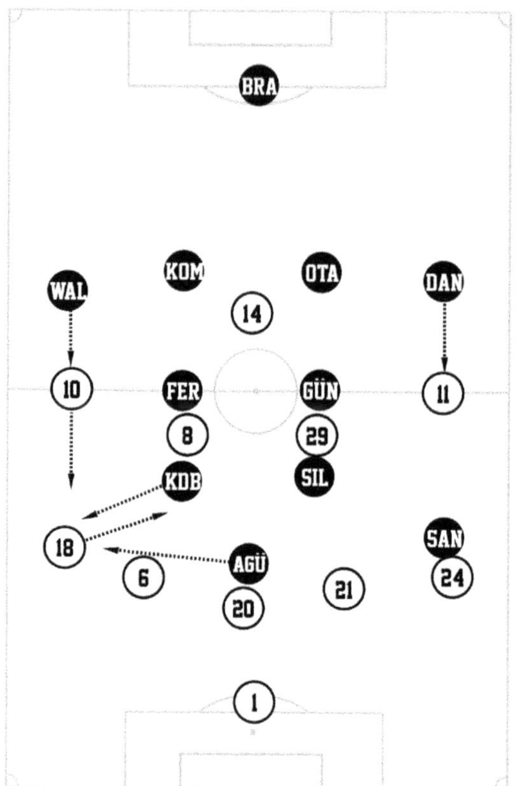

En la final de la Copa de la Liga, el Arsenal de Arsene Wenger decidió, en un saque de meta de Claudio Bravo, presionar bien alto al Manchester City. Presión alta, en campo del City, al hombre. Atrás, naturalmente, el Arsenal quedó mano a mano (3 para 3), un auténtico riesgo y peligro ante la más mínima equivocación. El equipo de Wenger sabía de la calidad para construir juego de los más retrasados del City y decidió no darles tiempo ni espacio para que les llegara el balón.

El City, obvio, se vio obligado a echar mano del plan B: jugar pases largos, bien dirigidos, no lanzar el balón en largo a cualquier lugar. Muy distinto lo primero de lo segundo.

El 14 va con Gündoğan. El 10 con Kompany. El 8 con Fernandinho. El 11 con Otamendi. El 18 con Walker. El 24 vigila a Danilo. El 29 persigue a Silva. El 6 toma a De Bruyne. El 20 regresa para asir a Agüero. Y el 21 va con Sané. Mano a mano en la mitad defensiva del City. Mano a mano los más avanzados (De Bruyne, Agüero y Sané). Imposible jugar en corto y por abajo. El libre, Claudio Bravo, debe pasar por arriba y largo. Ojo, pasar, no lanzar a cualquier lugar para sacarse el balón de encima y zafar su responsabilidad.

Bravo y Agüero, pasador y receptor, respectivamente, juegan con el reglamento, lo utilizan a su favor, sacan ventaja del mismo (en saque de meta no hay fuera de lugar). Bravo golpea el balón para que caiga más adelante de la línea central y Agüero, antes del impacto de Bravo, se sitúa por delante de la línea central. Es decir que el balón cae a césped en campo rival y el receptor, el Kun, está situado en campamento enemigo. Ya saben, no hay fuera de lugar. Lo saben Bravo, Agüero y, naturalmente, el jefe Guardiola. Parece que no lo saben los del Arsenal ni Wenger.

Moraleja: en saque de meta si el rival valientemente presiona bien alto y hay respaldo a los más avanzados que inician la presión (lo que obligará a los más retrasados a situarse en el centro del campo), sitúo a mis más avanzados por delante de la línea central y juego en largo (no quedarán en fuera de juego). Y si el rival no tiene respaldo (quedarán muy discontinuos y separados porque unos van y los otros no), sitúo jugadores en la intermedia y que mi portero los busque. Todo es cuestión de lectura e interpretación.

Después, Agüero saca provecho de lo mal ubicado que está su par, Shkodran Mustafi, con su cuerpo protege el sitio y el balón para avanzar a puerta con ventaja. Termina en gol. Plan B. Eso sí, con inteligencia táctica, sacando ventaja del reglamento, y calidad técnica de pasador y receptor, Bravo y Agüero, respectivamente.

Superioridad 4 contra 2 por adentro en el centro del campo

La distribución del Arsenal fue 1-5-4-1, como se aprecia en el gráfico. Kevin De Bruyne se abre, se cierra, se abre, se cierra... Claro que permanece más tiempo por adentro que por afuera. Cerrado juega a la espalda, como David Silva, de los dos centrocampistas centrales (el 8 y el 29) del Arsenal. Silva y De Bruyne junto a Fernandinho y Gündoğan superan numéricamente al Arsenal por dentro (4 contra 2); Fernandinho y Gündoğan se sitúan de frente a sus oponentes, Silva y De Bruyne a espaldas.

El 10 tapona a Walker y el 11 a Danilo. El 14 se encarga de presionar a Kompany y Otamendi. Cuando persiga o salte por uno, el otro quedará libre y será el encargado, cuando disponga del balón, de invitar-atraer rivales, para liberar compañeros.

En realidad de juego

El 8 del Arsenal le salta a Ilkay Gündoğan, posible receptor por cercanía a Otamendi, que dispone del balón. Otamendi se toma su tiempo, no se apresura, retiene y termina atrayendo al número 8. El 8 saltó dos alturas, por Gündoğan y Otamendi, lo suficiente para distanciarse de los compañeros que juegan a su espalda y generar un espacio grandísimo que terminará aprovechando el adversario que se sitúa a su espalda, en este caso, Bernardo Silva.

En otras palabras, Gündoğan distrae al 8 y Otamendi lo atrae para dejarlo fuera de posición. Bernardo y David Silva esperan, aguantan, partiendo a las espaldas de los centrocampistas rivales hasta que el balón les llegue (cierto es que les llegará). A esto hay que sumar el descenso de Agüero, que posiblemente arrastrará defensores rivales generando huecos en la defensa. Kompany es el encargado de pasarles el balón. Apenas lo reciben, cambian de ritmo y aceleración (verticalizan a gran velocidad). Chao, el City escapó.

En este punto, el City ha progresado, se instala en campo rival y busca finalizar la jugada. Como no puede, e incluso pierde el balón, pero está sitiando a su rival, entonces reacciona, presiona y recupera el balón en cuestión de pocos segundos y arma un ataque muy rápido y corto que termina en gol. Entre más cerca de la portería rival recuperes el balón, más corto será tu ataque. Entre más lejos de la portería rival recuperes el balón, más largo será tu jugada de ataque. No es una máxima, porque en el fútbol no hay máximas, pero sí una realidad. Un gol muy completo, con todos los ingredientes que el City le pone a su manera de jugar. Y en la final, ¡qué bárbaro!

Nota: Detallen también la manera cómo defiende las faltas en contra en propio campo el Manchester City. Guardiola ha decidido limpiar el área de penalti sacando a todos sus jugadores (excepto al portero, naturalmente) de la misma. Es más, los jugadores del City se sitúan lo más lejos posible del área de penalti y su distribución es muy horizontal, a lo ancho. Esto trae una serie de beneficios aunque se corren riesgos:

1. Jugar con el fuera de lugar del adversario. Claro que debe haber coordinación y concentración en el momento de dar el paso adelante o parar para dejar a los rivales en fuera de juego cuando éstos juegan el balón. Sino deberá haber una reacción rápida para retroceder e intentar rechazar.
2. Evitar tanta zozobra, confusión, temor, incomodidad y nervios, por la cantidad de gente que hay, que se produce cuando estás defendiendo dentro de tu propia área. Evitar errores en propia área que resultan letales.
3. Alejar al rival de la portería, darle tiempo al portero si se ve obligado a salir.

4. Proyectar un contragolpe más rápido.
5. Si vas a cometer faltas, mejor cometerlas desde tus primeros 25-30 metros en adelante para poder templar la defensa fuera del área propia. Si cometes la falta en el perímetro del área, inevitablemente tendrás que defenderla dentro de tu propia área porque recuerden que el reglamento dice que la distancia de la barrera, o la distancia que hay que guardar con el balón, es de 9,15 metros.

El reglamento, sin duda, te indica cómo jugar, qué hacer desde lo táctico, estratégico y técnico. Si en mi equipo cuento con buenos pateadores de tiro libre, buenos lanzadores a balón parado y cabeceadores de lujo, las reglas 13 (tiro libre) y la 17 (saque de esquina) me pueden servir para sacar ventaja y hacer determinadas cosas tácticas y estratégicas. Por ejemplo, provocar faltas que como consecuencia generen tiros de esquina y tiros libres directos/indirectos a través de jugadores con gambeta, *dribbling* y habilidad.

De igual manera, si tengo buenos gambeteadores les pediré que driblen, gambeteen y se jueguen decididamente el uno contra uno en el área de penalti rival. Una infracción en esa zona provoca un tiro libre directo sin barrera, un penalti. Así

puedo sacarle jugo a la regla 14. Es cuestión de buscar todos esos caminos que te llevan a gol y que bien lo hace el City de Pep.

Rusia 2018; el Mundial de los goles a balón parado

¿Por qué?

La pelota parada siempre ha sido difícil defenderla. Pero ahora más con la presencia del VAR.

Al existir la amenaza del VAR, que las cámaras te pillen, los jugadores (defensores) evitan y se contienen de utilizar todas aquellas 'armas' (agarrones disimulados, extender camufladamente un brazo, meter manos disimuladamente, cargas, retenciones de brazos y camisetas, jaloneos...) que les ayudaban a compensar la desventaja posicional que tienen con respecto a los atacantes. Es entonces aquí donde los defensores se han visto obligados a defender más limpio, más puramente, evitando contactos.

Evidentemente tiene más ventaja el que viene de frente (el atacante). El atacante puede enfocarse solo en el balón y ya. El defensor tiene tres referencias; el balón, su portería y su rival. Además, el que ataca hace su movimiento de frente o frontalmente; su objetivo (la portería) está de frente. El que defiende, uno de sus objetivos (la portería) no lo ve, está a su espalda. Obvio, para el que defiende será más complejo. Tiene desventaja visual-de perfil-posicional.

Ciertas confianzas ("como estabas ahí pensé que saltabas o ibas", dicen los defensores algunas veces) , descuidos, falta de determinación..., por parte de los defensores también son un problema en las pelotas paradas.

Y como las cámaras te pueden pillar, es mejor evitar, es mejor no agarrar. Antes las cámaras no te pillaban y los ojos de los jueces no alcanzaban a ver todo lo que pasaba. Ahora las cámaras te condenan (preguntarle al cróata Perisic en la final del Mundial de Rusia ante Francia).

Los ingleses se anticiparon a esto y sacaron provecho al balón parado en el Mundial de Rusia. El trencito inglés (o racimo inglés) y su sistema de cortinas y obstrucciones sobre los defensores oponentes evitaban las marcaciones y persecuciones y originaban hombres libres para atacar el balón en el área. Entrando, llegando a cierta zona, es más difícil que te bloqueen y contrarresten, que se te atraviesen y te agarren. En movimiento es más difícil marcarte y neutralizarte. Con todos los jugadores del equipo atacante situados en una misma zona del área antes de ejecutar es muy difícil tomar la marca. Los ingleses la tuvieron clara en Rusia.

Una solución a esto; llenar el área de defensores situados en zona, no marcando individualmente, lo que supone defender una pelota parada (tiro libre o tiro de esquina) con todos los efectivos y no dejar gente descolgada para el contragolpe. La contra-táctica, por parte del equipo atacante, cobrar en corto para que se muevan los defensores y sueltes espacios dentro del área que pueden aprovechar los atacantes para cabecear con ventaja y libertad.

El VAR entonces no es solo una gran revolución arbitral-tecnológica. También representa una gran revolución táctica, lo que va a llevar a trabajar más el registro de la pelota parada. Y no solamente más sino también de manera específica y con especialistas en la materia. Y naturalmente a trabajar en la producción de tiros de esquina y tiros libres. En eso los equipos que protagonizan el juego, empujan hacia atrás, encarcelan, rodean y sitian a sus adversarios, como por ejemplo el Manchester City de Pep y el Nacional de Lillo, van a tener ventaja.

Y el mismo Pep, revolucionario y visionario, es un adelantado a la hora de contrarrestar o defender las pelotas paradas. Más bien, un adelantado. Entendiendo lo difícil que es de facto defender los tiros de esquina y los tiros libres indirectos cerca de la propia área de penalti (y ahora mucho más con la llegada del VAR) ha decidido defender estas jugadas de otra manera; LIMPIANDO EL ÁREA. Así se evita riesgos, tentaciones y problemas innecesarios (goles en contra, penaltis, agarrones, falta de agresividad defensiva debido al temor que te pillen las cámaras, facilidades para los atacantes rivales…).

El show de los retrasados en la construcción continúa

Tres jugadas del primer tiempo entre el Burnley y el Manchester City retratan el espectacular juego de construcción de los más retrasados del City, su influencia en el desarrollo y lo que producen en términos tácticos a favor de sus compañeros más avanzados. Walker clava al 25. Kompany al 10. Otamendi al 9. Danilo al 17. A una altura superior, Bernardo sujeta al 3, Sterling al 26 y Agüero fija la atención del 6 y 28 del

Burnley. En la intermedia, el 4 'captura' a Kevin de Bruyne y el 13 a Gündoğan.

En este momento, el 4 y el 13 han intercambiado posición y marca. En esta jugada, el 4 está inclinado a la derecha y se empareja con Gündoğan, mientras que el 13 se ubica a la izquierda, emparejado con De Bruyne. Precisamente, el 4 es el que le facilita la vida al Manchester City. El 4 salta para apresar a Fernandinho (la verdad es que Fernandinho lo atrae, llama su atención, y lo distrae) y suelta a su par momentáneo, Gündoğan. Como Gündoğan queda libre, el 17 se cierra para capturarlo y libera a Danilo, su par original. Danilo, por afuera, el libre, sin oposición. Muy difícil cuando un jugador, en este caso el 17, debe encargarse de dos oponentes (Gündoğan y Danilo) y estos están tan separados. Poco o nada puedes hacer.

Una pausa. Ciertas veces Fernandinho no toca el balón, pero el sitio que ocupa, o donde se sitúa, y sus movimientos, fijan, atraen, distraen y llaman la atención de determinados adversarios. Todo esto con el objetivo de ayudar y facilitar la tarea a sus compañeros. En otras palabras, su presencia estratégica en determinado lugar, sin necesidad de tocar el balón, produce situaciones ventajosas para sus compañeros.

Continuamos. El 4, no sé si llamarle valiente, arriesgado o 'loquillo', para completar la faena de ayuda al desajuste del Manchester City sobre su oponente, a renglón seguido suelta a Fernandinho y salta por Ederson, el portero. Fernandinho, naturalmente, ha quedado sin oposición y puede intervenir en el siguiente momento con libertad. Qué maravilla jugar libre, sin marca, sin obstáculo, todo se simplifica. Vale la pena recordar que el par original del 4 es Gündoğan, pero el centrocampista del Burnley salta dos alturas muy profundas: primero para asir a Fernandinho y después para presionar a Ederson.

Un detalle. La intervención activa del arquero sin duda es determinante, porque permite atraer adversarios y liberar compañeros. Es por esta razón que el portero en esta concepción del juego debe poseer buena técnica (control, pase, postura corporal, campo visual amplio, cabeza arriba divisando compañeros, rivales, espacios) y una gran lectura e interpretación del juego, además de la rapidez en la decisión-ejecución y el desmarque para apoyar a un compañero en posesión y así poder recibir un pase (estar presto). El arquero también se desmarca.

Otro detalle. Observen en el video cómo Fernandinho y Gündoğan se acercan al jugador que tiene el balón (Ederson), o van en dirección al balón, cuando lo tiene el portero del City. Se acercan o se desplazan en esa dirección para atraer hacia determinado sector a los rivales y después liberar la pelota de esa zona a espacios deshabitados por los adversarios y ocupados por los compañeros.

Primero, juego entre cercanos al balón. Luego, juego con los lejanos al balón.

Así las cosas, la salida y el escape es, primero, a través de Fernandinho (cuando queda libre), después con Kevin De Bruyne, que flota a espaldas de su par a una altura superior, y finalmente con Danilo por afuera, que hace rato, como habíamos detallado, estaba libre de oposición.

La falta de una marcación estrecha y agresiva, por ejemplo, del 17 sobre Gündoğan (le da mucho tiempo) también facilita el juego del City.

Otamendi se salta el *pressing* del rival o su intención de *pressing* gracias a su visión de juego, a su sensibilidad técnica y a la ubicación del compañero receptor Kevin de Bruyne (flota a espaldas de los volantes centrales del rival, el 4 y el 13).

Kompany, Otamendi y Fernandinho están muy cerrados y muy cercanos. Por esta razón, el 9 y el 10 del Burnley no les permiten hacer valer la superioridad numérica para escapar con ventaja, uno de los objetivos principales de la concepción de juego del City.

Sin embargo, Otamendi juega con la intención de los más avanzados del rival de avanzar para presionar y con la perfecta ubicación de Kevin de Bruyne a espaldas, flotando, de los volantes centrales del Burnley. Con un magistral pase englobado elimina a seis adversarios (cuatro centrocampistas y dos puntas). Otamendi, calidad técnica, visión y lectura de juego. Lo demás sobra.

Walker, Danilo, Bernardo Silva y Sterling sujetan por afuera al 25, 17, 3 y 26 del rival, respectivamente. El 4 se empareja con Gündoğan y el 13 con Kevin De Bruyne. El 9 lo hace con Kompany y el 10 con Otamendi.

Pase a Ederson, el portero. Fernandinho se le acerca. De nuevo, el 4, el loquillo (gracias por tanto), cae en la trampa, es atraído por el desplazamiento del balón y una posible intervención del mediocentro brasileño del City, y deja libre a su par del momento, Gündoğan, que primero vino y después se fue (buen movimiento). Kompany, Walker y Bernardo, pese a la presión de sus pares, le dan ritmo al balón (juegan a 1-2 toques máximo) hasta encontrar al libre Gündoğan (recuerden que el 4, el 'loquillo', lo soltó) para escapar.

Finalmente, el 13 va por Gündoğan, obvio libera a De Bruyne, y entre los dos (Gündoğan y De Bruyne) le hacen superioridad numérica 2 vs. 1 al centrocampista central del Burnley. Todo termina con Kevin De Bruyne, que después de quedar libre, interviene (recibe-controla, conduce y dispara a puerta) con comodidad espacio-temporal. Construcción perfecta.

Nota: El cercano o el que se acerca al balón lo hace para atraer. El alejado o el lejano al balón lo hace para eliminar; si el pasador y el receptor están abiertos, distanciados, un pase deja sin chances al marcador por la distancia que ha de recorrer. Entre más distancia, más recorrido. Imposible llegar. Es decir, no todos deben estar cerca al balón, o mejor, al compañero con balón. Y no todos deben estar lejos. Unos cerca y otros lejos.

La inyección letal del City

El Manchester City es un manual. Te invita, te divide y te daña. Los más retrasados juegan el balón entre sí. Te invitan... Si saltas a presionarlos y no tienes acompañamiento, posees graves problemas. Te invita para dividirte, para partirte en dos. Ya, después de desbaratarte, te daña.

Ejemplo de esto, la siguiente acción colectiva que terminó en gol... La visión y técnica del portero Claudio Bravo, una pasada.

Los felinos del City

Nunca le des la espalda a los grandes felinos salvajes (tigre, león, pantera, leopardo) aconsejan los encargados de estudiar y cuidar estos animales. Pero ¿por qué? Simplemente porque atacan a muerte de manera inesperada. Pues bien, cuando De Bruyne, David Silva, Agüero, Sané, Sterling, Gündoğan se sitúan y juegan a la espalda de los intermedios oponentes (hay retrasados, avanzados e intermedios), el Manchester City es letal. No sólo porque eliminan o dejan fuera de jugada, sin opción de intervenir, a los centrocampistas, o intermedios, sino también porque atraen-sacan a los más retrasados de sus sitios produciendo desajustes en la defensa rival y espacios-huecos en las inmediaciones del área del enemigo.

Obvio que estas cosas sin la colaboración-intervención-participación de Otamendi, Kompany, Fernandinho, Ederson, Bravo, Walker, Delph, Danilo, Zinchenko, los más retrasados del City, no se podrían lograr. Dos ejemplos, dos imágenes, de la manera cómo atacan 'los felinos' del City las espaldas de los intermedios oponentes.

Primero, frente al Arsenal, por Premier League.

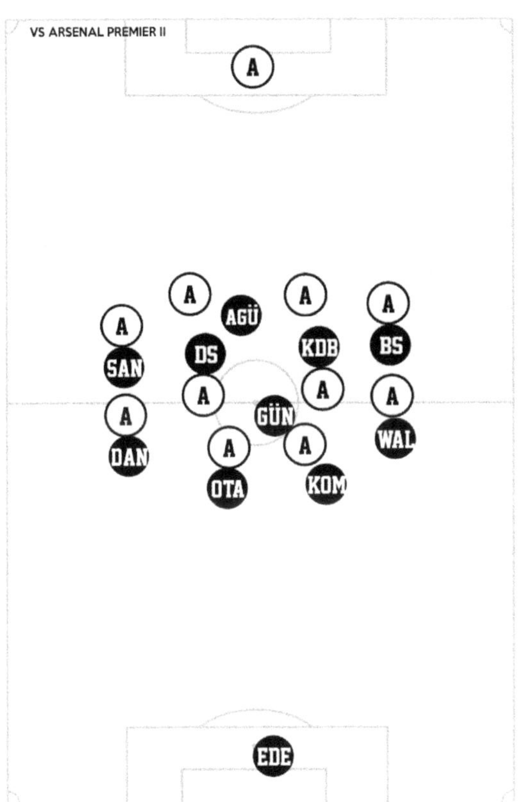

Agüero desciende y se abre. Se sitúa a la espalda del volante-lateral derecho del rival y atrae-saca al central derecho del Arsenal. Sané inicialmente está abierto ocupando al lateral derecho rival.

Entre Danilo, de frente o de cara, y Agüero, a la espalda, superioridad 2 contra 1 sobre el volante lateral derecho rival, al que Agüero se le aparece en su campo visual cuando desciende. El jugador del Arsenal se sitúa (se cierra un poco) para cerrarle la línea de pase por adentro a Danilo, pero el Kun se desmarca (movimiento diagonal corto de adentro hacia afuera) y aparece por el lado contrario dándole línea de pase por afuera a Danilo. Agüero primero le apareció a su rival por el lado izquierdo y después por el lado derecho. El volante lateral derecho del Arsenal está en problemas: no puede marcar a dos jugadores (Danilo y Agüero) al mismo tiempo.

Después, el balón va a Sané, que se encarga de hacer lo suyo, lo que sabe, en el último tramo. Eso es conducir en velocidad, gambetear, eliminar oponentes, driblar y asistir con ventaja, en este caso a Bernardo Silva, que bien atacó la zona ciega del rival. Fabulosa conducción de Sané por adentro, no por afuera, que hubiera sido más fácil por su perfil. Claro que al no tener espacio por afuera y sí por adentro para conducir no se alejó tanto de la portería rival…

Nota: Cuando se inclina el rival, atacarle la zona descubierta. Hacerle pagar su inclinación atacándole la zona descubierta mediante cambio de orientación. Para lograr esto, obvio, hay que tener gente en zona descubierta.

Segundo, versus Chelsea, por Premier League.

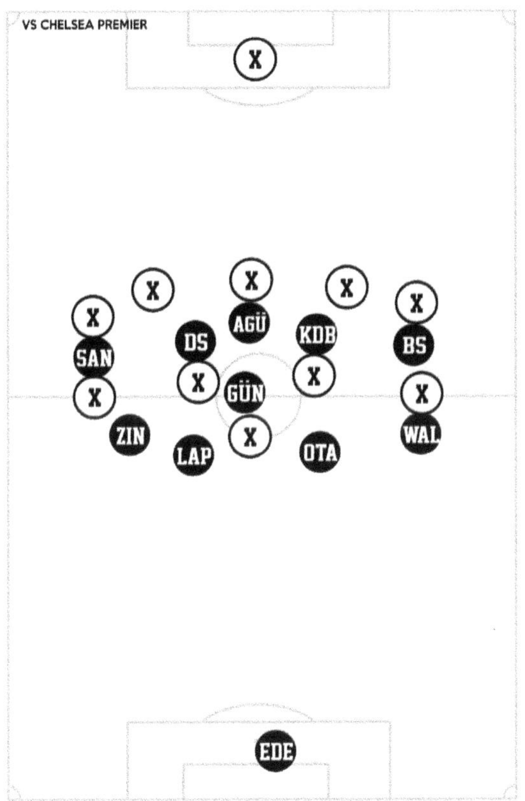

Kevin De Bruyne y David Silva inicialmente a espaldas de los cuatro intermedios del Chelsea. Cuando la pelota la controla Zinchenko, Silva se abre.

Minuto 10 con 32 segundos: Zinchenko controla y se la pasa a Gündoğan. Ahí el alemán atrae al interior derecho y al exterior derecho del rival; a dos. Obvio, el exterior derecho del Chelsea suelta a su par Zinchenko, que recibe la devolución a un toque de Gündoğan. Zinchenko, libre, sin oposición, se la pasa a David Silva, que totalmente abierto se situó intermedio (entre el volante exterior derecho y el lateral derecho del rival). La intervención de Silva obliga al lateral derecho a saltarle (aunque llega tarde por la distancia que hay, gracias a que Silva se situó intermedio o un poco alejado y jugó rápido el balón a un toque). El lateral derecho al ir por Silva, que apareció en su espacio defensivo y campo visual (abierto, casi en la raya) suelta a su par Sané, que libre, se cierra un poco, fija al central derecho del Chelsea y lo atrae, y juega a la espalda del interior derecho del rival. Silva se la pasa a Sané, este a Gündoğan, al que ya soltó el centrocampista interior derecho del Chelsea porque va detrás del balón. Gündoğan juega con ventaja, controla y pasa a Agüero, que descendió y se situó a la espalda de los dos volantes interiores del Chelsea. Todo rápido, a un toque. Absoluta precisión a alta velocidad. Por eso los rivales nunca pueden cortar ni llegar.

Un detalle. En el City los que reciben de espalda a sus marcadores juegan el balón rápido (a uno-dos toques máximo). Generalmente es una devolución. La misión de atraer-sacar-mover adversarios se ha cumplido. No intentan controlar, girarse y conducir. Juegan rápido. Observen en este caso a Gündoğan, Sané y Silva. Sterling es otro que adquirió dicha simpleza (pero efectiva). Otro detalle: Silva se abrió, Sané se cerró. Intercambio de lugares. En definitiva, David Silva, Sané y Agüero sacaron ventaja jugando a la espalda de los intermedios del Chelsea. Obvio, colaboraron los que estaban de frente o de cara, como Zinchenko y Gündoğan. Colectividad.

Un detalle. El que viene a recibir y está dándole la espalda a la portería rival y a los rivales debería, mientras se desplaza, girar la cabeza para observar si un adversario le persigue y así evitar un anticipo, y cómo y dónde están situados sus compañeros y rivales. Obvio, los compañeros también deben hablarle para alertarlo. Si en el desplazamiento ha logrado atraer, porque le persigue, a un adversario que previamente debió fijar, moviéndolo o sacándolo de su espacio (al oponente), devolver o pasar rápido (a 1-2 toques) puede resultar altamente beneficioso. En el video vemos como lo ejercitan Sterling y Gündoğan.

Los mejores atrás, los más retrasados

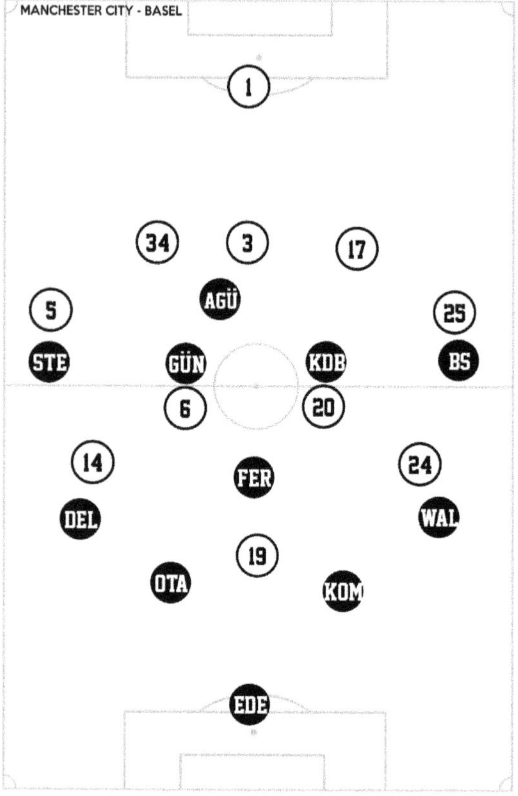

Los más retrasados de la portería rival tienen la responsabilidad de iniciar la construcción de juego. Tienen la misión de desbaratar, desajustar, eliminar a sus opositores directos (los medios y los avanzados del equipo rival) para que sus compañeros intermedios y avanzados intervengan (reciban, conduzcan, pasen y finalicen) con ventaja. Naturalmente ayudan a conquistar espacios que permiten avanzar. Ante Basel, en Liga de Campeones, vamos a estudiar tres maneras distintas de construcción del juego a partir de los más retrasados.

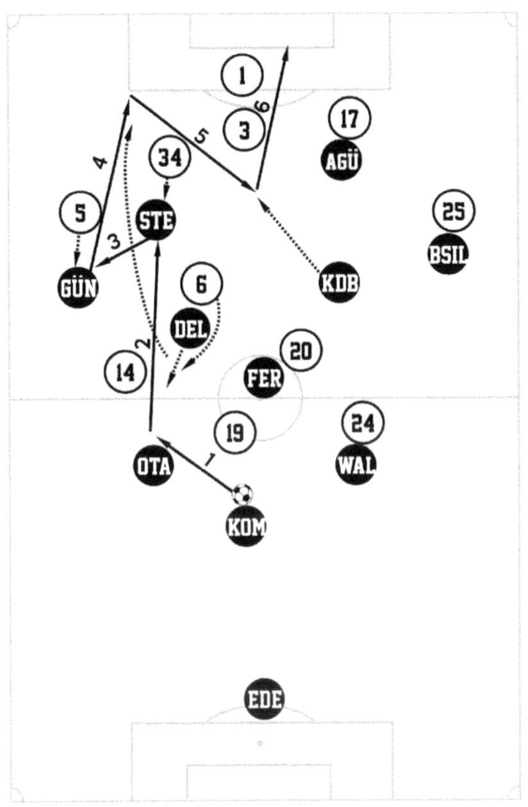

Por la distribución del rival (1-5-4-1) y sus tareas sin balón, los llamados a distraer o llamar la atención del 6 y el 20 del Basel para que suelten a sus pares, Gündoğan y De Bruyne, son Fernandinho, Kompany y Otamendi. Alguno de estos tres debe pasarle el balón a Gündoğan o Kevin De Bruyne después de provocar en los centrocampistas centrales del rival, el 6 y el 20, un movimiento fallido (atracción, distracción, arrastre, clavada). Aclaro que no siempre es necesario mover, desplazar al jugador oponente; algunas veces resulta ventajoso que el jugador adversario se quede clavado y no se desplace. Todo es circunstancial. En el fútbol es mucho más importante interpretar que mecanizar o automatizar. Seguimos…

Sin embargo, es Delph el que logra distraer a uno de los dos centrocampistas interiores del rival para que su compañero con balón, Otamendi, se comunique con el compañero que flota a espaldas. Delph decide no situarse por afuera. Se cierra, ocupa un lugar por adentro. Obvio, se suelta de su par, el 14, que no lo persigue (se mantiene por afuera). Delph, por adentro, se sitúa en el espacio de gestión defensiva del 6 y por delante de él. Lo distrae. Sterling y Gündoğan intercambian de lugar: Sterling se cierra, flota a la espalda del 6 y atrae-saca al defensor central derecho (34), generando un hueco en la entrada del área rival; Gündoğan se abre para abrir y sujetar por afuera al 5 del Basel.

Pase rayo X (que atraviesa, penetra) del visionario Otamendi para Sterling, que rápido (dos toques), sin pretender girarse, le pasa el balón a Gündoğan. Gündoğan a un toque pasa al tercer hombre, Delph, que ataca el espacio generado por la atracción de Sterling al 34. Si Sterling y Gündoğan no juegan rápido (1-2 toques máximo), el City no aprovechará el espacio generado por la atracción de Sterling al 34. Cuestión de jugar simple, mover rápido el balón, con velocidad y precisión. Evidentemente hay poca agresividad en los jugadores del Basel para robar la pelota o cortar las combinaciones de los jugadores del City.

De igual manera, Fernandinho se sitúa en el espacio del 20 para distraerlo, llamar su atención y amarrarlo. Fernandinho se queda, no va, para que su par, el 20, no vaya, y Kevin De Bruyne quede libre. Todo finaliza con el centro atrás de Delph para el llegador, libre, De Bruyne. Por fin salió, aunque no terminó en gol. No había salido pese al 3-0 a favor.

Nota: Si te sitúas por delante de tu par, no a la espalda, y lo desvías con tu movimiento (te abres y lo abres, o

te cierras y lo cierras) porque te persigue, le generas una línea de pase al compañero que dispone del balón para que conecte con un compañero más avanzado, por ejemplo, un punta que venga, o descienda, al encuentro con el balón. No siempre hay que situarse a la espalda del rival; el que está a la espalda se beneficia de lo que hacen los que están de frente. En la situación descrita, Sterling se benefició de la distracción de Delph y el pase rayo X de Otamendi.

El pase rayo X, o filtración, de Otamendi en el segundo tiempo. El 6, el 34 y el 20 de Basel han intercambiado las posiciones: el 6 ahora es defensor central derecho, el 20 es volante central derecho y el 34 volante central izquierdo.

Fernandinho distrae al 34. Delph distrae y abre al 14 lo suficiente para darle callejón para pase a Otamendi. Otamendi, con balón, distrae (llama la atención) del 20 y el 14. Gündoğan y De Bruyne flotan a espaldas de los centrocampistas rivales. Los más retrasados del Basel no saltan por Gündoğan y De Bruyne porque la distancia entre ellos y sus compañeros centrocampistas es amplia.

Observen en el video cómo el 14 tiene tres ocupaciones: Delph, su par; Otamendi, el jugador con balón, y Gündoğan, el posible receptor. Imposible controlar a los tres. Entre Otamendi, con balón, y Gündoğan, receptor, hay superioridad numérica 2 contra 1 sobre el 20, el centrocampista interior derecho del Basel. En la zona del balón hay superioridad 3 contra 2 a favor del City (Otamendi, Delph y Gündoğan versus el 14 y el 20). Cuestión de saberse situar y mover.

Pase rayo X de Otamendi (golpeo firme, fuerte, rasante, con borde interno, que rompe la primera línea de presión del rival;

un pase así es muy difícil de interceptar o de que se quede el balón a mitad de camino). Lo demás, se cuenta solo.

La gambeta de Kompany: El 24, cuyo par es Walker, salta por Kompany, que lo elimina mediante una gambeta. En el fútbol se eliminan oponentes a través de la gambeta o el pase. Walker queda libre y recibe de Kompany. Bernardo Silva viene (desciende) por banda, De Bruyne flota a espaldas de los centrocampistas rivales y Agüero también viene (desciende), pero por adentro. Walker se la pasa a Bernardo, éste a un toque se la da Agüero y el Kun arranca. Ni Bernardo ni Agüero tienen marcación estrecha, los rivales apenas los acompañan. Qué peligro este par con esas ventajas y sin oposición.

El par de Gündoğan, que está al lado contrario del balón, se deja hipnotizar por la pelota y obvio abandona a su marca. Gündoğan recibe libre y todo termina en gol. Aunque la ventaja sea muy amplia, nunca puedes perder las buenas costumbres, eso lo enseña el City.

Manchester City 5-Leicester 1. El proceso de cómo se llega al gol

Instalado con toda la tropa (10 jugadores) en campamento enemigo (en la mitad defensiva del rival), girar el balón (pase, pase, pase), moverlo con la intención de encontrar huecos y penetrar a la zona de finalización. Rival sitiado, rodeado; te le vas encima, lo encierras. Te has comprimido y has acortado el espacio o, como dijo Johan Cruyff, has achicado el campo.

Sin embargo, si la continuidad de pases se interrumpe (es probable teniendo en cuenta la gran cantidad de soldados que tiene el enemigo en el perímetro de su propia área, incluso dentro), la reacción-presión-recuperación inmediata a la pérdida se activa. Y no una, sino dos, tres, y cuantas veces sea necesario para evitar, primero, que el oponente inicie la construcción de un contragolpe, o transición defensa-ataque y, segundo, tener que correr para atrás que es desgastante y engorroso.

Después de reconquistar la pelota, vuelta al ruedo: continuidad, pase-pase-pase, hasta encontrar el espacio, la penetración a la zona de finalización y la ventaja espacio-temporal para finalizar. Un detalle en el momento de reacción-presión-recuperación inmediata a la pérdida: cercanía y superioridad numérica sobre el adversario que dispone del balón y sobre el adversario receptor del balón. Uno o varios han de saltar con agresividad en presión, lo deben encerrar, cerrarle la línea de pase que tenga y atacarlo hasta robarle la bola. Todos estos detalles los puedes apreciar en el video.

Otro detalle. El centro-pase de Kevin De Bruyne a Sterling. Anticipación, intuición y memoria del belga. Antes de patear (¡a un toque!) ya sabía dónde debía poner el balón, cómo lo debía poner y que un compañero suyo llegaría al encuentro.

Además, le da fuerza al disparo (importante para que la pelota de un bote y continúe), utiliza el borde interno para que el balón se abra y lo pone a media altura entre el punto penal y la línea horizontal del área de 5,50. Calidad total, inteligencia y técnica en estado puro. Esa pelota que viene desde las bandas a la espalda de los defensores y de frente, pero alejada del portero, es muy difícil de defender porque toma al defensor en contra movimiento y el portero, por la lejanía, duda/teme a la hora de salir. La pelota puesta entre el punto penal y la línea horizontal del área de meta (5,50) es mortal para el adversario.

¿Cómo te instalas en campo rival?

Primero, has de asegurar la pelota, tenerla bajo control, guardarla, no arriesgarla en exceso, cuidarla, protegerla... Bernardo Silva lo hizo de maravilla. Otamendi rechaza y Bernardo para el balón, lo controla y lo pasa atrás (pase de seguridad) a Walker. Ahí protegió el balón y lo salvó de una disputa innecesaria con un adversario. La pelota a disposición del City. Y segundo, sumatoria de pases, la mayoría de seguridad o laterales, para ir ganando alturas, progresando, avanzando, organizándote y reorganizándote espacialmente. De nuevo, continuidad, pase-pase-pase.

La secuencia de juego: Walker pasa seguro a Laporte, un zurdo que ha llegado, además, a aportar pase largo diagonal de banda a banda (izquierda-derecha). Laporte a Zinchenko. Zinchenko a Gündoğan y devolución del segundo a un toque.

Zinchenko pasa atrás a Laporte y este pasa corto y al lado para Otamendi. Otamendi, igual, corto y al lado a Walker. Walker, de nuevo, pasa horizontal-corto a Otamendi. Muchos pases y mucha paciencia es lo que te pone con toda la tropa en campo rival. El City en esta continuidad se ganó, o mejor dicho, avanzó, aproximadamente 30 metros. La línea la marcan los más retrasados, en este caso, Otamendi y Laporte. Cuando el City tuvo bajo control la pelota, este par estaba a 30 metros de la raya de mitad de campo. Treinta segundos después, en los que se sumaron 10 pases seguidos entre retrasados, el City se situó en la mitad ofensiva. Podríamos decir que los más retrasados (Otamendi, Zinchenko, Laporte, Walker) son los que van empujando el carro.

¿Cómo buscar la superioridad numérica ante un rival con estructura 1-5-3-2 (diamante entre medios y avanzados)?

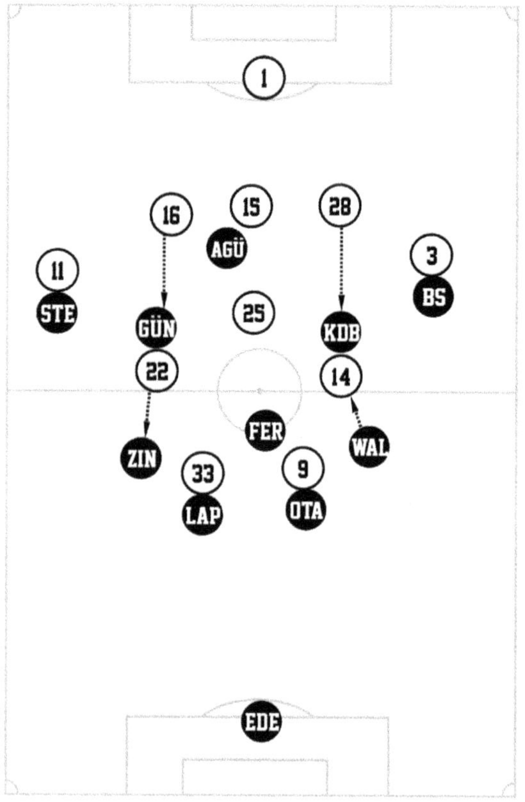

Walker y Zinchenko se cierran un poco, no totalmente, van hacia adentro. Ascienden, avanzan, conducen, para llamar la atención del 14 y 22, los interiores del Leicester, y así liberar a De Bruyne y Gündoğan, que flotan a la espalda de los centrocampistas adversarios. De esta manera, el Manchester City provoca en la intermedia superioridad numérica, por adentro, 4 contra 3.

Los centrales del Leicester (el 16, derecho, y el 28, izquierdo) se ven, naturalmente, obligados a saltar para apresar a los jugadores del Manchester City (habitualmente De Bruyne y Gündoğan) que flotan a espaldas de sus compañeros centrocampistas. Esto genera un espacio en el perímetro del área del Leicester que el Manchester City aprovechará para penetrar.

Los jugadores dentro del campo tienen unos lugares, espacios o zonas donde habitualmente se sitúan, se mueven y realizan determinadas y diversas tareas en pro de su equipo. Un ejemplo, el sector izquierdo del Manchester City en este partido ante el Leicester. Zinchenko debía moverse por el espacio o lugar ocupado por el centrocampista marcado con la camiseta número 22 del rival, un poco cerrado y de cara o de frente a él. Sterling debía situarse alto y bien abierto para sujetar por afuera al número 11 del Leicester. Y Gündoğan debía flotar a la espalda del centrocampista número 22 del rival.

Sin embargo, hay momentos en los que intercambian el lugar y la tarea. Gündoğan hace de Zinchenko (cerrado y de cara al 22 del rival), Zinchenko hace de Sterling (abierto y fijando por afuera al número 11 del rival) y Sterling hace de Gündoğan (por adentro, a la espalda del 22, con la misión de hacer saltar al 16, el central derecho oponente, y generar huecos y espacios en el perímetro del área rival para ulteriores penetraciones).

Realidad de juego. Ejemplos claros de superioridad numérica, 4 contra 3, en la intermedia e intercambio de lugares y roles. Todo para desajustar al rival y progresar a gol en condiciones ventajosas..

1. Superioridad en la intermedia por dentro 4 contra 3 a favor del Manchester City (Fernandinho, Zinchenko, Sterling y Gündoğan versus el 14, 22 y 25): la pelota le llega a Fernandinho y a dos toques se la pasa a Zinchenko. Este último, a un toque para impedir que el centrocampista que porta el número 22 recupere posición, le pasa el balón a Sterling, que flota a la espalda del marcador. Sterling controla y pasa a Fernandinho, que a dos toques pasa a Gündoğan, otro que flota a espaldas de los centrocampistas del Leicester. La intervención de Gündoğan provoca que el central marcado con el número 15 del Leicester salte por él y deje un espacio-hueco en la entrada del área. Gündoğan, a un toque (su control es orientado) se la pasa a Sterling, que finalmente da penetración a Agüero.

2. Intercambio de lugares y roles. Por izquierda, Gündoğan se sitúa en el lugar de Zinchenko, recibe cerrado, y hace la tarea de éste (llamar la atención del 22 del Leicester). El ucraniano se sitúa en el lugar habitual de Sterling, bien abierto, y hace la tarea de Sterling (abrir y sujetar por fuera al número 11 del Leicester).

Sterling se sitúa en el lugar de Gündoğan, flota a la espalda del número 22 del Leicester, y hace la tarea de Gündoğan, es decir, da línea de pase al compañero con balón y atrae, sacando de su lugar, al central derecho del Leicester (en esta acción el 16), para generar un espacio-hueco en la entrada del área del equipo oponente.

Todo termina con el control y pase de muro de Sterling a Gündoğan, el control y pase rayo X al espacio de Gündoğan, y el giro más el *sprint* al espacio de Sterling. En otras palabras, todo termina en una penetración.

Ah, y para completar, el City, que no pudo terminar la jugada (no todas las jugadas se pueden terminar), en cinco segundos recupera el balón debido a la reacción, presión, atención y buena colocación de los jugadores cercanos al balón. De Bruyne reacciona, persigue y presiona, y Fernandinho intercepta gracias a su correcta ubicación.

Leicester, a la mitad del primer tiempo, como la estaba pasando mal, cambió su estructura: pasó del 1-5-3-2 al 1-4-4-1-1. Por izquierda de Leicester, el 3 soltó a Bernardo, ganó altura y se emparejó con Walker. El 28 se abrió para 'amarrar' a Bernardo. Y el 14 se situó junto a Fernandinho. Igual, el City terminó ganando 5-1.

La cachetada de Pep a los 'críticos'

"La gente dice que sólo tenemos dinero. Lo que tenemos es pasión, grandes trabajadores y una estructura increíble en el club. Hemos comprado grandes jugadores con el dinero y yo soy un buen entrenador porque tengo los grandes jugadores que me ha dado el club", dijo Guardiola.

Mientras los demás, para mejorar su ofensiva, gastan cifras escandalosas de dinero en delanteros y extremos (el PSG en Neymar y Mbappé, el Barça en Coutinho y Dembelé), Guardiola, para el mismo propósito, mejorar su ofensiva, gasta/invierte en jugadores retrasados porque en su concepción del juego entiende que a partir, y a través de los más retrasados, se producen muchas ventajas en el tercio ofensivo y en la zona de finalización. Es decir, Pep entiende que para que su ofensiva mejore, los más alejados de la portería contraria deben saber atacar y son determinantes. El desajuste de la defensa contraria lo empiezan los más alejados de la portería rival. El valor para Pep de los retrasados es tremendo. Eso es saber utilizar toda el área del rectángulo de juego para armar las acciones ofensivas. Evidentemente las jugadas se finalizan en las zonas cercanas a la portería rival, pero se empiezan a gestar desde las zonas cercanas a la propia portería. Esto es de genios.

He leído y escuchado críticas hacia Guardiola. Dicen que le es muy fácil todo pues tiene una chequera multimillonaria.

La verdad es que lo dicen de mala intención por menoscabar el majestuoso trabajo de él y su equipo, porque hacia los demás, que gastan las mismas cifras, no hay críticas, al contrario, sólo hay ponderación. El City gasta mucho dinero en fichajes porque lo tiene y porque el mercado lo demanda. El City es un grande con aspiraciones, obvio, altísimas, razón por la cual gasta mucho dinero como el resto de equipos de su estirpe. Pasa que los demás invierten en avanzados y el City en retrasados, todos con el mismo objetivo, potenciar su ofensiva.

Mejorar la ofensiva a través de delanteros y extremos pues es lo obvio. Fácil y sencillo. Pero mejorar la ofensiva a través de defensores, eso sí es complejidad, eso sí es algo diferente, distinto. Y Pep lo ha logrado en el City. El aporte de los más retrasados (Otamendi, Stones, Kompany, Mangala, Fernandinho, Laporte, incluso los porteros Ederson y Bravo) al juego ofensivo del equipo es descomunal. Podría decir que Pep ha convertido a sus defensores en auténticos atacantes. En el fútbol que profesa Pep, las bases de un buen ataque, se cimientan atrás, desde y con los más alejados al objetivo, la portería enemiga. Pep, un contracultural táctico.

FICHAJES TEMPORADA 2017-18

MANCHESTER CITY	PSG	FC BARCELONA
LAPORTE (CENTRAL): 65 MILLONES DE EUROS	NEYMAR (EXTREMO ATACANTE): 222 MILLONES DE EUROS	DEMBELÉ (EXTREMO ATACANTE): 105 MILLONES DE EUROS
MENDY (LATERAL IZQUIERDO): 57,5 MILLONES DE EUROS	MBAPPÉ (EXTREMO ATACANTE): 180 MILLONES DE EUROS	COUTINHO (EXTREMO ATACANTE): 160 MILLONES DE EUROS
WALKER (LATERAL DERECHO): 51 MILLONES DE EUROS		
EDERSON (PORTERO): 40 MILLONES DE EUROS		
DANILO (LATERAL DERECHO): 30 MILLONES DE EUROS		
BERNARDO SILVA (EXTREMO): 50 MILLONES DE EUROS		
TOTAL: 293,5 MILLONES DE EUROS	TOTAL: 402 MILLONES DE EUROS	TOTAL: 275 MILLONES DE EUROS

Stoke City, una víctima más camino al título, con Fernandinho como factor de distracción

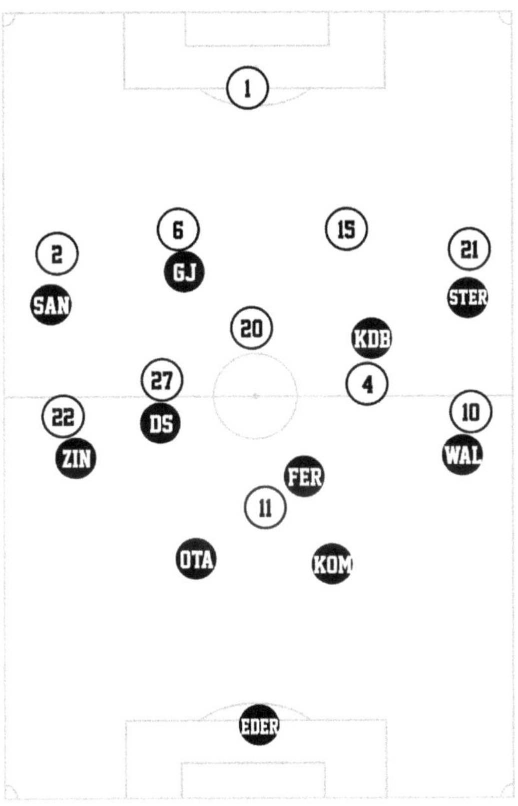

Walker se cierra un poco y cierra a su par, el número 10. Sterling desciende y saca a su par (lo persigue, va detrás de él). Esto da línea de pase Walker-Sterling. Pelota o pase al espacio, no al pie. Sterling viene. Fernandinho, primero, se sitúa en el espacio o en la zona del interior izquierdo (el numero 4) del Stoke City y, naturalmente, lo distrae-atrae; y, segundo, se le escapa a su par, el punta rival (desde que comenzó el partido el número 11 marca hombre a hombre a Fernandinho). Error del 11 soltar a Fernandinho, no perseguirlo, dejarlo escapar. Fernandinho, obvio, queda libre y recibe de Sterling con ventaja espacio-temporal.

Kevin De Bruyne, situado a la espalda de su par, el interior izquierdo (el numero 4) del Stoke, lo jala hacia atrás y hacia fuera, alejándoselo a Fernandinho. En principio, el interior izquierdo del rival está cerca de Fernandinho, vigilándolo; después observa que su par De Bruyne está a su espalda y se va hacia él. Es decir, Kevin le limpia el espacio a Fernandinho, ayuda a que el brasileño intervenga con ventaja (reciba con espacio, tiempo y sin oposición). Entre Fernandinho y Kevin De Bruyne, superioridad 2 contra 1 sobre el interior izquierdo del rival. Gabriel Jesus amarra al central derecho del Stoke y con su intervención (recibe el pase de Fernandinho) lo arrastra, lo trae, lo inclina, a la zona del balón. Correcta protección de balón que hace Gabriel Jesus.

Sterling le ataca la espalda a su par, al que previamente había sacado de su lugar.

Sané permanece abierto, sujetando por afuera a su par, el lateral derecho, que duda por la presencia de éste (abierto, pegado a la raya, como le gusta a Guardiola) si cerrarse o no. Como Sané lo sujeta por afuera, el intervalo que hay entre el central derecho y el lateral derecho del Stoke City es muy amplio (el central derecho es llevado a la izquierda y el lateral derecho está sujetado, por afuera).

Ese intervalo lo ataca llegando desde el tercio medio David Silva, que obvio se le escapa a su par (el 27 o interior derecho), algo despistado. El lateral derecho intenta, velozmente, cerrar, pero termina llegando después de Silva porque está muy lejos del sitio al que llegan balón y Silva. Clave es que Gabriel Jesus se haya ubicado en la zona del central derecho, lo haya inclinado hacia la zona donde está el balón (la izquierda del central) y que Sané haya permanecido abierto, sujetando por fuera al lateral derecho. Así se generó un gran espacio. Silva se termina beneficiando del espacio generado entre Gabriel Jesus y Sané, porque llega a una zona donde puede finalizar con ventaja espacio-temporal.

Esto no es dogma, leyes inquebrantables en el fútbol no hay. Pero beneficioso es que tu jugador más avanzado se sitúe y fije al central más alejado del rival (podríamos llamarle en este caso el segundo central), lo arrastre o lo incline hacia la zona donde está el balón para ayudar a que la distancia entre él y su compañero más cercano por afuera sea amplia para atacar con ventaja.

> Nota: Cuando se inclina el rival, atacarle la zona descubierta. Hacerle pagar su inclinación atacándole la zona descubierta mediante cambio de orientación. Para lograr esto, obvio, hay que tener gente en zona 'descubierta'.

Superioridad abrumadora e incontrolable lejos de la portería rival

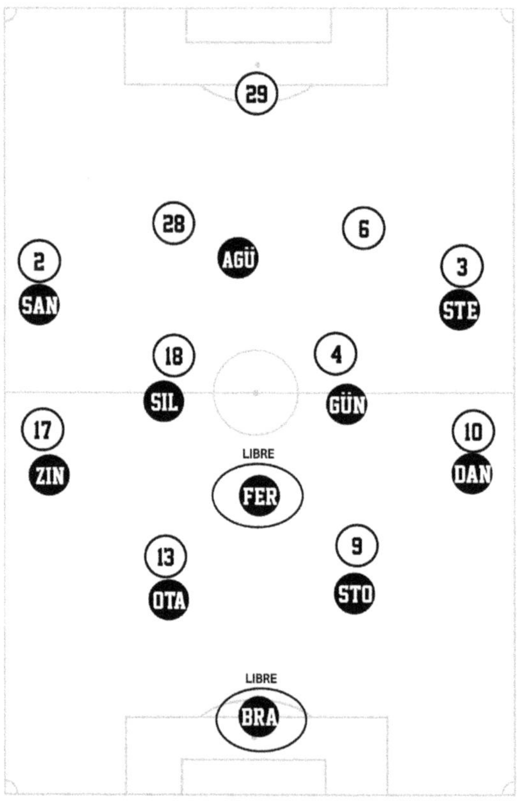

Abrumadora, contundente e imposible de contener la superioridad del City en la iniciación, o desde la iniciación, que genera jugadores libres para jugar-intervenir (recibir, pasar) con ventaja espacio-temporal. El Burnley, osado y agresivo, busca ensuciar la iniciación del City. Para esto, intenta, infructuosamente, emparejar a los más retrasados del Manchester City: el 13 va con Otamendi, el 9 con Stones, el 18 con Silva, el 4 (inicialmente salta por Fernandinho y lo persigue, pero después recupera su lugar en el centro del campo) va con Gündoğan, el 17 con Zinchenko, el 10 con Danilo.

Sin embargo, dos jugadores están libres, sin par. Fernandinho y el portero Bravo. Cuestión de pasarse el balón hasta encontrar al libre. Mover el cuero, mecerlos, atraerlos, ponerlos a correr detrás del balón, hacerlos intercambiar la marca hasta encontrar al jugador libre, la válvula de escape, la salida.

Es decir, si me tapan unos, me liberan otros y con esos otros, precisamente, es con los que salgo. Buscar la superioridad y el hombre libre desde la iniciación. La intención y la presión del rival, ante todos participando, se hacen insuficientes. Imposible de controlar. Pierdes el tiempo y las energías. El City te desbarata.

Así y ahí saca partido un equipo en el que todos sus jugadores, fundamentalmente los tres más retrasados, saben jugar, entienden y leen diversas situaciones de juego y, además, arriesgan, piden el balón, se comprometen al pedirla, pasarla y conducir, tienen valentía... Ejemplo de esto es Nicolás Otamendi.

Múltiples variantes tácticas: el 1-3-2-5

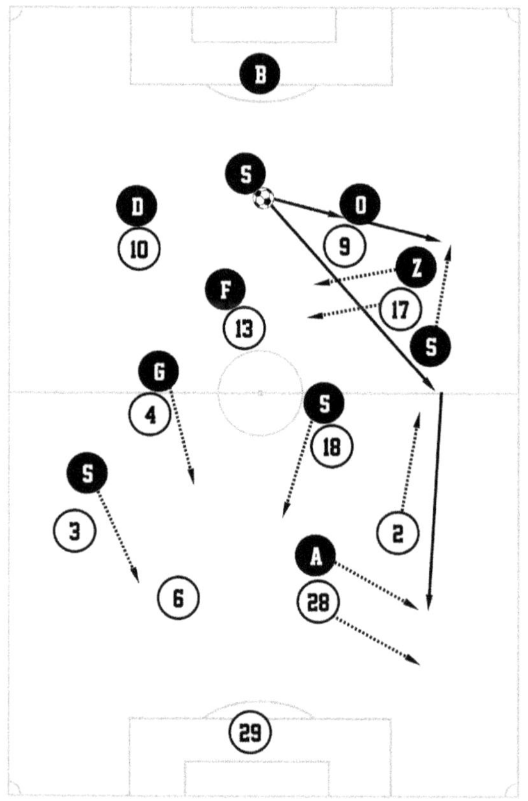

El recurso táctico del City trasciende, va más allá, está en permanente actualización. En otro momento del partido, los dos jugadores más avanzados del Burnley, Sam Vokes (el 9) y Jeff Hendrick (13), están encima de Otamendi y Fernandinho, respectivamente.

Otamendi y Fernandinho saben todo sobre el inicio y salida de juego: el momento para pasar, a quién pasar, hacia dónde pasar, cuándo conducir, por dónde conducir, hacia dónde conducir, cómo desmarcarse, hacia dónde desmarcarse para darle al compañero una línea de pase o arrastrar a un adversario liberando un espacio para un tercero... Leen muy bien las situaciones de juego. Los dejas libres y te hieren.

Entonces, tapados Otamendi y Fernandinho, deben aparecer otros en escena para hacer las cosas que se requieren para avanzar y progresar con ventajas espacio-temporales. Pero ¿cómo se logra? A través del llamado 325 (una distribución de partida de los jugadores sobre el campo), las tareas de los jugadores y su interacciones. Danilo se cierra y juega, como Stones y Otamendi, en la zona de los 40 metros (área de penalti). Estos tres son el soporte. Abiertos, por banda, Sterling, Sané y algunas veces (no siempre) Zinchenko. Y por adentro, el propio Zinchenko, Fernandinho, Gündoğan, Silva y Agüero.

Aquí aparece un movimiento magistral e intencionado de Zinchenko: el lateral izquierdo se cierra, va por adentro. El extremo derecho del rival (el 17) lo persigue, es decir, también se cierra. Obvio que queda un espacio por afuera para explotar. Sané puede aparecer en escena, si no está tan alto, mejor intermedio, puede recibir el balón e inmediatamente atraer-sacar en exceso al lateral derecho del rival, generando un espacio por afuera que puede explotar, por ejemplo, Sergio Agüero con un desmarque dentro-fuera. Será cuestión de pasarle (Sané) el balón al espacio a Agüero, que seguramente será perseguido y sacará a uno de los centrales adversarios de su zona de confort. Después de esto, uno contra uno o pase-centro a un llegador. Pero también Sané, tras recibir el pase dentro-fuera, puede atraer-sacar (hacia fuera) a uno de los centrocampistas centrales del rival y liberar al interior (quitarle la marca de encima). Son varias las alternativas. Cuestión de elegir la mejor y ver que decisiones toman los rivales.

Ahora, si Zinchenko se cierra y el extremo derecho del rival (17) no lo persigue, el lateral izquierdo del City se colocará a la espalda de Vokes (el 9 que clava Otamendi) y hará mayor la superioridad por dentro (dos jugadores libres del City). Cuando los rivales creen que te tienen amarrado, la realidad es que ellos son los que están amarrados. O mejor dicho, se autoamarran.

Finalmente, si Zinchenko se cierra y el extremo derecho del rival (el 17) lo persigue, es decir, se cierra y se libera el espacio por afuera, y Sané se coloca alto, el extremo del City se puede jugar, en tercio ofensivo, el uno contra uno por banda. Puede ser él y hacer las de él, es decir, amagar, fintar, driblar, gambetear, centrar o finalizar entrando con pierna natural.

Bien definió este comportamiento colectivo e intencionado Xavi Hernández en el diario *El País* de España: "Al final, es un fútbol asociativo. Guardiola está todo el día maquinando dónde estará el espacio libre. Y si, por ejemplo, juegas contra el Levante y ves que los extremos hacen marcaje al hombre a los laterales, prácticamente, como hacia Bielsa, ¡pues mete por adentro al lateral! Y si te sigue el extremo contrario se crea un hueco para el pase del central a tu extremo. Porque muchas veces el lateral molesta el pase del Piqué de turno al Messi de turno. No cabe porque el extremo contrario está mirando que no quepa. Pues si hacen marcaje individual pon a Zabaleta o a Walker por adentro; si no lo sigue el extremo rival, está solo, y si lo sigue, hay un pase franco a tu extremo. Espacio-tiempo. Para el rival esto es incontrolable porque vas a marcar a uno y otro se queda libre. Se crean superioridades".

Un regalo envenenado

Combinación magistral del Manchester City frente al West Bromwich. Una serie de conceptos enlazados. Superioridad sobre el punta rival. Pase rayo X de Otamendi. Silva y Gündoğan flotando a espaldas de los centrocampistas de dentro del rival. Los de afuera, bien abiertos, manteniendo posición y estirando al oponente. Intercambio de lugares sin dejar de ocupar todos los lugares (De Bruyne en la zona del lateral, Walker en la del extremo, Bernardo Silva por dentro). Ataque de zona ciega (despoblada) del rival mediante extremo, con pierna cambiada, que se cierra para finalizar la jugada.

Lástima que no terminó en gol. Lástima que Sterling no haya podido cerrar más su pie derecho para direccionar más el chut. Lástima, pero eso no borra de ninguna manera todos los ingredientes que contiene esta combinación.

> Nota: Situarse, en espera, a la espalda de los centrocampistas centrales del rival es básico. David Silva, Gündoğan, Kevin De Bruyne, entre otros, son especialistas en eso.

Cerramos este capítulo con dos muy buenos artículos publicados por el diario inglés *Daily Mail* (www.dailymail.co.uk). En el primero el centrocampista del City Ilkay Gündoğan, durante el primer año de gestión de Pep, desveló la idea táctica de Guardiola. En el segundo artículo el medio de comunicación entrega detalles acerca del método empleado por Guardiola para gestionar el vestuario del City.

Traducción: Carl Worswick, periodista inglés radicado en Colombia. Corresponsal de The Guardian, World Soccer y FourFourTwo.

Publicado el 21 de marzo de 2017.

El volante de Manchester City Ilkay Gündoğan revela los secretos de la filosofía táctica de Pep Guardiola antes del encuentro de la Premier League con Arsenal

El volante de Manchester City ha proporcionado una visión fascinante de la mente del manager Pep Guardiola.

El mediocampista Alemán Gündoğan enfrenta el resto de la temporada fuera de la cancha mientras se recupera después de sufrir una lesión en la rodilla en diciembre.

El se convirtió en el primer fichaje del City cuando se firmó el contrato por un valor en £21 millones en junio.

El volante destapó la olla de las tácticas del Manchester City bajo el nuevo jefe Pep Guardiola.

El jugador de 26 años era un habitual centrocampista en el City antes de los problemas recurrentes en su condición física que han truncado su carrera.

Durante su tiempo de recuperación, Gündoğan ha estado en los Estados Unidos junto a su compañero de equipo Gabriel Jesús que también está lesionado.

Y a puertas de la visita de su equipo al Arsenal el 2 de abril, el mediocampista apareció en NBC Sports con Robbie Earle (ex-futbolista) para diseccionar la revolución táctica que Guardiola ha implementado con el City.

Robbie Earle: Hemos visto a jugadores como Fernandinho (por aquellos días utilizado por Pep como lateral derecho) y Gael Clichy venir desde atrás para ocupar posiciones centrales y dejar a tres en la parte posterior. ¿Es importante para Guardiola tener sus laterales cerrados?

Ilkay Gündoğan: "Lo es, pero no necesariamente tienen que ser los laterales. Siempre queremos estar en la posición con tres (defensores), dos (jugadores en las áreas centrales) y luego los dos volantes ofensivos porque eso hace que el juego sea más fácil para nosotros. "

"Tenemos formas cortas de pasar la pelota entre todos estos jugadores y lo más importante es crear espacio para estos dos futbolistas (los volantes ofensivos Kevin De Bruyne y David Silva) para que puedan voltear y pasar a estos jugadores (los extremos Leroy Sane, Raheem Sterling) y estos muchachos, en una situación ideal, devuelven la pelota a Sergio Agüero para anotar."

Earle: Todo el mundo está hablando del sistema de presión (pressing) que Pep ha usado en Barcelona, Bayern Munich y Manchester City. ¿Es cierto que existe una regla donde los jugadores tienen cinco segundos para recuperar la pelota, o esto es inventado?

Gündoğan: "Depende de la situación pero también del oponente. Si estamos en una posición bastante defensiva y perdemos la pelota, tratamos de volver a nuestras posiciones

e intentamos defender. Eso es algo que tienes que hacer de vez en cuando.

"Pero si estamos más adelante y todos nuestros jugadores están más arriba en el campo, presionamos e intentamos recuperar el balón lo antes posible. Es mucho mejor ganar la pelota en estas áreas que en tu propia mitad, porque hace que sea más fácil marcar un gol y si tenemos la oportunidad de ganar la pelota aquí arriba, tratamos de usarla."

Earle: Parece que Pep quiere jugar desde atrás. ¿Pero a veces tienes que hacer pases largos cuando los equipos presionan alto?

Gündoğan: "Sí, recuerdo especialmente el partido contra Mönchengladbach, en donde sabíamos de antemano que nos presionarían mucho."

"El manager acababa de decirles a los arqueros que 'si no tenemos la posibilidad de jugar con los zagueros centrales o los laterales solo tenemos que usar nuestro delantero;' Sergio Agüero en este caso."

"El (Guardiola) le dijo a Sergio que se quedara arriba, incluso en una posición fuera de juego, pero que luego volviera; y luego le dijoa Claudio (Bravo) que en ese partido 'solo jugara la pelota larga pero no tan alto, es decir, no a su cabeza pero si a su pecho (el de Agüero) para que pudiera controlarla' y que luego jugara con el volante de contención para que así pudiera entregar la pelota directamente a nuestros delanteros.

"Siempre existe el peligro de perder la pelota en tu propia mitad. La situación ideal es ganar el balón en la mitad del oponente, pero definitivamente no queremos perder el balón en nuestra propia mitad. Entonces, para que sea seguro, esta también es una muy buena solución."

Earle: "Tú eras el primer fichaje de Pep, así que obviamente eres alguien importante para el equipo. Donde te ves mejor: en la posición de volante de contención, o jugando el papel ofensivo.

Gündoğan: "Me gusta las dos posiciones – volante de contención y ofensivo. Si jugamos con volantes de contención, normalmente yo soy uno de estos dos.

"Pero a menudo jugamos con solo un volante de contención y dos volantes ofensivos y cuando estaba en forma jugué casi el 90 por ciento de todos los juegos como volante ofensivo y lo disfruté - creando oportunidades y anotando.

"Me gustan las dos posiciones, pero esto siempre depende de cómo queremos jugar y cómo juega el rival; simplemente lo disfruto."

Publicado el 15 de abril de 2018

Así formó Pep Guardiola a sus campeones: Un camerino circular, inglés obligatorio, comidas comunitarias, cultura local... los pequeños detalles del español que construyeron un gran equipo

El proyecto maestro de Guardiola ha dado fruto en tan solo su segunda temporada

Cuando el Manchester City construyó un nuevo camerino circular en el Etihad el verano pasado, una frase del poeta Mancuniano (Mancuniano es el gentilicio de las personas provenientes de Manchester) Tony Walsh se escribió en la pared sobre las cabezas de los jugadores.

"Algunos nacieron aquí, otros se atrajeron aquí, pero todos lo llamamos hogar." Las palabras del poema This is the Place (Este Es El Lugar), que Walsh leyó en una vigilia por las víctimas del atentado de Manchester Arena en mayo pasado, tocaron la fibra sensible de Pep Guardiola.

La esposa del técnico de Manchester City, Cristina Serra y sus dos hijas, Valentina y María, se vieron envueltas en la atrocidad del concierto de Ariana Grande cerca de su apartamento en el centro de la ciudad.

Guardiola volvió con su familia al sitio cuando se reabrió con el concierto benéfico We Are Manchester (Somos Manchester) en septiembre por invitación del cantante de Oasis, Noel Gallagher y luego visitó a su amigo famoso en el Green Room.

Para entonces, se había convertido en parte del ritual del día de los partidos del City, que el éxito de Oasis, Wonderwall, se ponía cuando el equipo entraba al vestuario en todos los partidos sin excepción.

Guardiola sentía la necesidad de forjar un lazo más fuerte entre sus jugadores y el club al que representan. En medio de las devastadoras secuelas del bombardeo, él vio algo muy característico de los Mancunianos en la respuesta de la ciudad y su gente.

El quería las palabras de Walsh y la música de Gallagher para inspirar a sus jugadores; para hacerlos apreciar lo que City significa para sus hinchas.

Esto ofrece una visión de la mente de Guardiola que va más allá de la percepción de un obsesivo del fútbol y controlador que no puede ver más allá de las líneas blancas del campo.

Esa reputación está bien ganada. La atención al detalle del español es como la de ningún otro entrenador en el fútbol mundial.

Cuando asumió al equipo por primera vez en el verano de 2016, Guardiola convocó una reunión con el jardinero del campo y estipuló que la hierba del Etihad y los campos de entrenamiento en la City Football Academy (CFA) deberían ser exactamente 19 milímetros, como lo habían sido en Barcelona y Bayern.

Fue persuadido a ceder a esa demanda porque la hierba no crece tan rápido en Manchester, por lo que la superficie en el estadio ahora puede crecer hasta 23 milímetros.

En el CFA, una cancha fue dedicada al "medio espacio," con el canal entre el lateral y el zaguero central por los dos lados del área penal marcada para que City pueda perfeccionar su estrategia de ataque.

En la sede de entrenamiento en sí, Guardiola se siente tan cómodo, que a menudo lo ven caminando por los pasillos descalzo. El wifi se desconectó en unas partes del edificio del primer equipo para motivar a los jugadores a interactuar en lugar de desaparecer en sus celulares.

Por la misma razón, Guardiola insiste en un vestuario más inclusivo y de forma redonda cuando el Etihad fue remodelado para incorporar el nuevo Tunnel Club el verano pasado. La unión fuera del campo se reflejaría en ella.

Las dietas de los jugadores fueron escrutadas. Aquellos que regresaban para la pretemporada con sobrepeso, fueron mandados a entrenar aparte.

El plantel recibió órdenes de cenar juntos después de los partidos y también con frecuencia antes de los entrenamientos, contratando a la ex-nutricionista de Guardiola en Barcelona, Silvia Tremoleda, para supervisar todos los aspectos de la ingesta de alimentos de los jugadores, incluso de Kevin De Bruyne, Ilkay Gündoğan y Kyle Walker que emplean un equipo de cocineros privado.

A los jugadores extranjeros se les dijo que aprendieran inglés - Nicolas Otamendi y Aymeric Laporte están entre los que trabajan para sus exámenes - por lo que el técnico pudo hablar con su equipo en un solo idioma y el equipo fue vestido por los amigos de Guardiola en la compañía de modas, Dsquared2.

Mientras esto puede dar la impresión de ser un entrenador más preocupado por la micro-gestión - y no de la gestión de personas -, no necesariamente es así.

Tras el nacimiento prematuro de su hijo Mateo, a David Silva se le otorgó permiso compasivo para viajar a Valencia durante la temporada por un entrenador que prefiere que sus jugadores se queden en casa con sus familias la noche anterior, en lugar de dormir en el hotel en el CFA.

Después de que City quedó eliminado de la FA Cup en febrero, en manos de Wigan de la tercera categoría (League One), Guardiola les otorgó un día libre para ir a paintball.

La temporada pasada, después de perder por goleada 4-0 con Everton, los llevó a ver la película La La Land en el cine.

En la fiesta de navidad en el restaurante y bar Menagerie, el manager y su cuerpo técnico bailaron hasta altas horas de la noche con 500 miembros del personal, mientras que el jugador de £55 millones, Benjamin Mendy, jugó beer pong pero usando cerveza sin alcohol con un grupo de jóvenes graduados de las oficinas del equipo en Londres.

Un técnico que ha ganado 21 trofeos en siete años en Barcelona y Bayern podría haber sido perdonado por no dejarse llevar por el levantamiento de la Copa Carabao, pero Guardiola organizó una recepción de champaña para el personal en la sede de entrenamiento después de la victoria del equipo sobre Arsenal para agradecerles por ayudarlo a levantar su primer trofeo en Inglaterra.

CAPITULO 4.

SE DICE DE MI

El mundo del fútbol, fundamentalmente jugadores y entrenadores, habla de Lillo. Pero, qué dicen? Escuchémoslos. Mejor, leámoslos…

"Juanma fue el entrenador que más me marcó, sin duda alguna. Por mucha diferencia. Todo lo que pensaba que se necesitaba de un entrenador lo encontré en él: la manera de gestionar el grupo, el conocimiento profundo y preciso del juego, la manera cómo lo transmite… Además, es un gran ser humano. Fue un regalo de la vida haber estado con él y haber compartido un tiempo con Lillo". Diego Arias, quien lo tuvo como entrenador en Nacional.

"Lillo es un chico preparado y estudiado". Cesar Luis Menotti, ex DT campeón del mundo con Argentina en 1978.

"En los equipos en los que compartí con Juanma Lillo fui el hombre más feliz de la vida. Con Lillo cada día encontraba algo nuevo, crecía como futbolista y me ayudaba mucho para el rendimiento. En Dorados y Real Sociedad junto a Juanma fui feliz". Sebastián Abreu, delantero uruguayo.

"Para mí el éxito es que todos los jugadores que vos dirigís hablen maravillas de vos y que estén totalmente convencidos que es el camino correcto. Y eso pasa con Juanma, entonces él es exitoso". Sebastián Abreu.

"Para mí es una bendición comunicarme con Lillo, aprendo mucho de fútbol". Rafael Robayo, volante colombiano.

"Lillo es un amor, es la persona más sana del mundo. El maestro Lillo está adelantado 10 o 20 años en el fútbol. A Lillo hay que exprimirlo, es una maravilla". René Higuita, ex arquero de la selección de Colombia.

"Lillo es un ganador, es versátil en lo táctico y analiza muy bien a los rivales. Cuando estuve con él, le aprendí muchísimo". Dayro Moreno, quien lo tuvo como entrenador en Millonarios y Nacional de Colombia.

"Juanma (Lillo) está a la altura de entrenadores como Marcelo Bielsa, entre otros, que se fijan por dejar un legado y ponen al proceso por encima de los resultados. Lillo tiene el coraje moral de defender sus principios, los cuales valoro profundamente". Juan Carlos Osorio, DT de la selección de México.

"Yo puedo decir, porque lo he visto trabajar, que Juanma es un gran entrenador, como hombre del fútbol es extraordinario y como ser humano mejor aún". Juan Carlos Osorio.

"A los jugadores nos gusta cómo entrena Lillo y cómo planifica los juegos. Los jugadores de Nacional hemos adquirido un nivel que impide que nos metan los dedos a la boca para engañarnos". Alexis Henríquez, quien lo tuvo como entrenador en Nacional.

"Antes de llegar Lillo tuve un montón de ofertas para irme de Nacional después de haber ganado todo. Sin embargo, cuando llegó Lillo a Nacional, decidí quedarme en la institución por él y su cuerpo técnico, debido a su gran capacidad. Lillo entrena a un nivel europeo". Franco Armani, actualmente arquero de River.

"Así la prensa y los aficionados no logren entender a Lillo, nosotros los jugadores sí lo entendemos. Los futbolistas vemos la repetición de los partidos y nos damos cuenta que en el campo de juego reproducimos lo que Juanma implementa". Macnelly Torres, dirigido por Lillo en Nacional.

"Juanma no se casa con sistemas. Quiere que todos los jugadores tengamos en la cabeza todos los movimientos dependiendo de lo que necesite en cada partido. Lillo plantea los

partidos dependiendo del rival y donde más le pueda hacer daño". Fabián Vargas, volante central colombiano.

"Lillo es uno de los mentores de Guardiola: le abrió la cabeza y le hizo comprender mejor el juego". Diego Latorre, ex delantero de la selección argentina.

"El entrenador con el que más me identifico se llama Juan Manuel Lillo". Jorge Valdano, director general del Real Madrid y ex campeón del mundo con Argentina en 1986.

"Lillo me parece un genio en lo conceptual. Cada conversación con Juanma te deja pensando sobre este juego. Es un placer escucharle y aprendo". Jorge Sampaoli, quien lo tuvo como asesor técnico en la Selección de Chile y en Sevilla.

"Lillo me enseñó a jugar, él es el mejor entrenador que tuve. Pero más allá de enseñarme a jugar, me enseñó a ser persona". Pablo Piatti, quien lo tuvo como entrenador en Almería

"Lillo es muy capaz, ve el fútbol muy rápido. Me encanta escucharlo". Monchi Rodríguez Verdejo, director deportivo de La Roma.

"Lillo es el auténtico genio de la historia del fútbol y con mucha diferencia respecto del resto". Óscar Cano, entrenador de fútbol.

"Seguirán diciendo a escondidas que Juanma (Lillo) es el mejor, pero no lo querrán cerquita porque no les interesa". Oscar Cano.

"Lillo fue el mejor entrenador que tuve. Le gusta jugar al fútbol, no quiere defender ni tampoco tirar pelotazos. Está 24 horas pensando en fútbol". Roy Makaay, quien lo tuvo como entrenador en Tenerife.

"Juanma para mí fue, primero, el mejor entrenador que tuve jamás y luego mi gran maestro. Lo conocí con 30 años y me abrió una mirada diferente respecto al juego. Posee una inteligencia que probablemente supera la media. Es víctima de un mundo donde lo fácil es ser como los demás". Imanol Idiakez, ex jugador y entrenador de fútbol español.

¿Qué dice Guardiola de Lillo?

Ya hemos leído algunos piropos que le ha tirado Pep Guardiola a Juanma Lillo. A continuación, más…

"Lillo es mi maestro. Ha sido muy importante en mi formación. Mi gratitud hacia él es infinita, me enseñó a entender el juego".

"Lillo es el mejor entrenador que he tenido".

"Lillo va un paso por delante. Tenía muchas dudas sobre mi trabajo, pero si tenía una certeza era que con él no me equivocaría".

"Mis influencias han sido Cruyff y Lillo".

"Más que hablando, Juanma es bueno entrenando".

Guardiola a Samir Nasri, cuando el jugador decidió ir al Sevilla: "Ya que has decidido irte, hay una persona en Sevilla que es Juanma Lillo. Hazle caso a todo lo que te diga".

SOBRE EL AUTOR

JORGE ANDRÉS BERMÚDEZ HERNÁNDEZ

Periodista y analista de los canales RCN y WINSPORTS de Colombia. Más de quince años de experiencia con cubrimiento de campeonatos mundiales de mayores y sub-20, Copa Libertadores, Copa Sudamericana y todo el fútbol profesional de Colombia. Entrenador de fútbol graduado. Conocedor de la lengua italiana y portuguesa. Ha escrito el libro, junto a el prestigioso entrenador Juan Carlos Osorio, "La libreta de Osorio", en la que el entrenador colombiano desmenuza su estrategia. También ha sido autor de la obra "ADN del fútbol ofensivo".